江戸庶民の信仰と行楽

池上真由美

まえがき

江戸時代後期には空前の旅ブームが起こる。日本全国で、人びとは講をつくり伊勢参りに出かけた。なかでも江戸の庶民は、遠く伊勢にばかりでなく、江戸近郊への寺社参詣や湯治に競うように出かけた。

本書ははじめに、人びとを旅へと駆り立てたものが何だったのか、人びとはどのような意識で旅立ち、旅先ではどのような問題が待ち受けていたのか、どのようなスタイルで旅をしたのかなどをみ、また旅ブームを裏でささえた道中記（ガイドブック）の変遷を追い、庶民の旅日記などをひもといて、この時期の庶民の旅の実態を明らかにすることをこころみた。

また後半では、江戸庶民が四、五日以内で行けた江戸近郊の行楽地への観光をとりあげ、なかでも観光名所が集中した相州各地への行楽を中心にのべた。

当時の庶民の旅はほとんどが民間信仰と分かちがたく結びついていた。そうした意味で、まず霊山として江戸庶民に圧倒的な人気があった相州大山をとりあげ、大山御師と講中の関係をみながら大山信仰の諸相を多角的にとらえた。ついで、江戸庶民の近郊行楽地として人気のあった江ノ島、鎌倉、金沢八景、箱根などが観光地として発展していく歴史をたどりながら、観光の実態をみた。それら観光地での出版物、いわゆる在地出版の隆盛にも触れた。

さらに相州遊覧のために頻繁に利用された東海道について、現神奈川県下の九つの宿場をとりあげ、旅人を受け入れる側の旅籠屋の実態をみ、脇往還や観光地への道にも注目し、旅人の増加が宿場や観光地に及ぼした影響なども考察した。

当地を訪れた遊覧客の紀行文なども随所に挿入したが、本書を通じて、当時の庶民の旅の楽しさが少しでも読者に伝われば幸いである。

二〇〇二年二月

著者

目次

江戸庶民の信仰と行楽

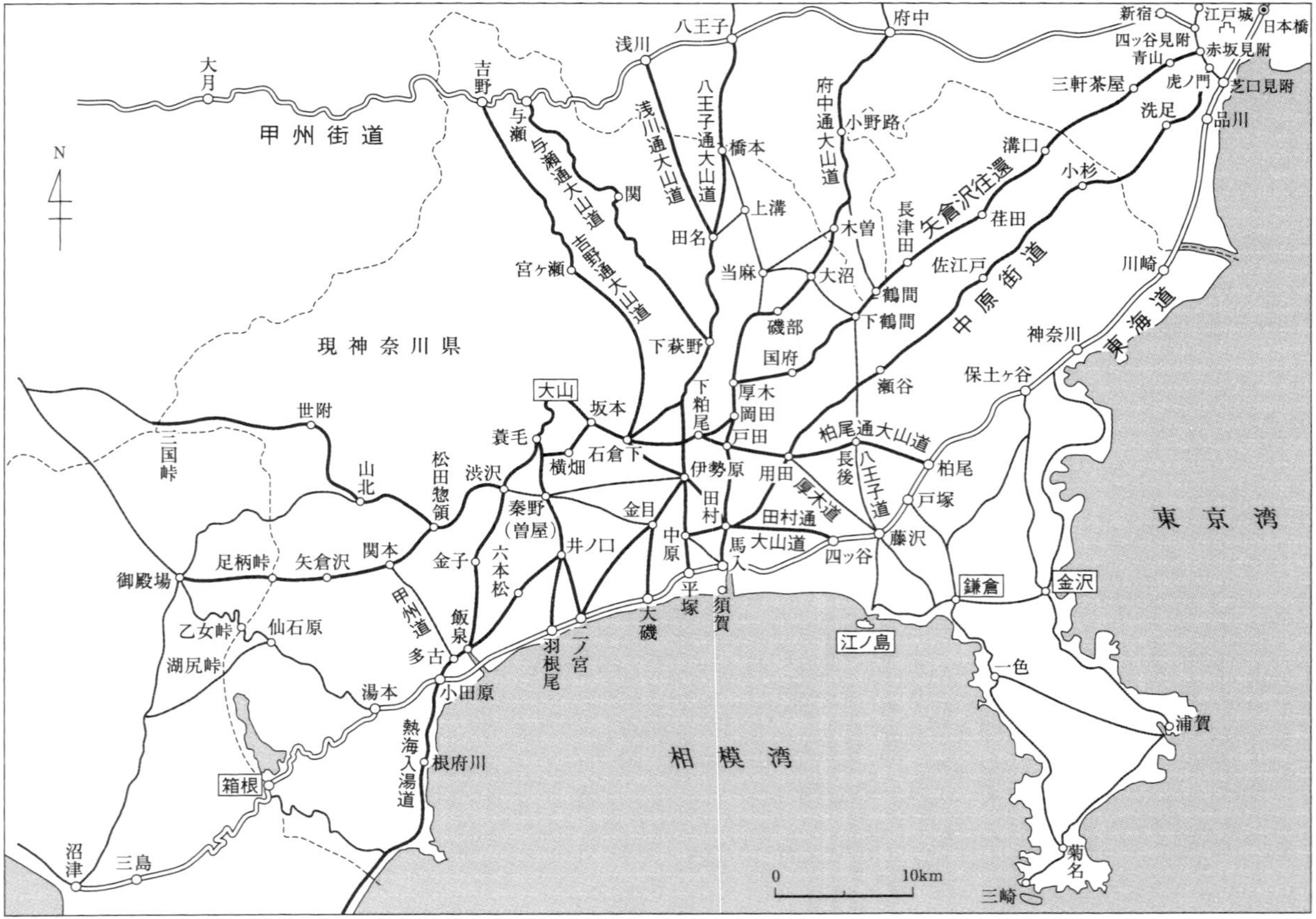
N
甲州街道
大月
吉野
与瀬
浅川
八王子
府中
新宿
江戸城
日本橋
四ッ谷見附
青山
赤坂見附
三軒茶屋
虎ノ門
芝口見附
洗足
品川
与瀬通大山道
吉野通大山道
浅川通大山道
八王子通大山道
府中通大山道
関
宮ヶ瀬
橋本
小野路
田名
上溝
木曽
当麻
大沼
溝口
矢倉沢往還
小杉
荏田
長津田
佐江戸
中原街道
鶴間
下鶴間
磯部
川崎
東海道
神奈川
現神奈川県
下荻野
国府
厚木
岡田
戸田
下粕尾
大山
坂本
瀬谷
保土ヶ谷
柏尾通大山道
世附
三国峠
山北
松田惣領
渋沢
蓑毛
横畑
石倉下
伊勢原
田村
用田
厚木道
長後
八王子道
柏尾
戸塚
秦野
(曽屋)
金目
田村通
大山道
中原
馬入
四ッ谷
藤沢
東京湾
御殿場
足柄峠
矢倉沢
関本
金子
六本松
井ノ口
平塚
須賀
大磯
鎌倉
金沢
甲州道
飯泉
二ノ宮
羽根尾
江ノ島
乙女峠
仙石原
湖尻峠
多古
小田原
湯本
一色
浦賀
熱海入湯道
根府川
相模湾
箱根
沼津
三島
0
10km
菊名
三崎
江戸時代の道

第一章　江戸の庶民と旅

第一節　江戸後期の旅ブーム

江戸時代は、庶民が比較的自由に旅に出られるようになった時代である。享保頃からは民衆が参詣を理由に、盛んに物見遊山の旅に出るようになり、文化・文政期（一八〇四〜三〇）には空前の旅ブームが訪れる。

全国的な旅ブームのきっかけとなったのは、中世以降の熊野権現に代わって寺社参詣の中心として登場してきた伊勢神宮への参宮熱が高まったことである。国民の総氏神となった伊勢神宮に、一生に一度は必ず参詣したいという意識が民衆の間に芽生え、寺社参詣へと駆り立てたのである。参詣者の層が民衆にまで広がったことで、参詣の性格も従来の敬虔な信仰行為から、観光・遊楽を兼ねた旅へと変化していく。

また、遠隔地の者にとって伊勢参詣は長期の大旅行となり、経費もかさむため「講」を結んでその代表者を送り出すことが多かったが、「講」という形は、以後庶民の旅のひとつのスタイルとして定着する。だが、講というスタイルで旅に出られるのは、ほとんどが地域共同体の基本構成員である家父長に限られていた。妻子や武家・商家・農家の下男、下女、丁稚《でっち》などの奉公人は主家に緊縛されているうえに、経済的にも貧困であったため、しばしば「抜け参り」という方法で伊勢詣りの旅に出た。領主の禁制を無視し、主人の許可なく家を飛び出たのである。子どもも含む未成年者や被雇用人、零細農民などが大勢で沿道住民の接待などを受けながら参詣する大規模な抜け参りも起こった。

これは後に「お蔭参り」と称されるが、数百万人に上る都市・農村の膨大な民衆が伊勢参詣をするお蔭参りは、慶安・宝永・明和・文政・慶応の五回を数える。遷宮のあった翌年にお参りすると、神のお蔭をこうむるといわれたため、ほぼ五十～六十年周期で起きているが、なかでも宝永二年（一七〇五）のお蔭参りの後には伊勢神宮参詣者が激増した。宝永のお蔭参りは、日頃参詣の旅に出られない経済的に苦しい庶民の多くを巻き込んだが、これが各地の民衆の参宮熱をあおったといえる。

江戸時代後期になると交通や宿泊設備の充実とともに、印刷技術が進歩し出版業が盛んになり、旅行案内書が次々と出版された。これらの書物も人々を旅の誘惑に駆り立て、ブームに拍車をかけたといえよう。

庶民の旅を可能にしたもの

庶民の旅を可能にしたものとして、ひとつには交通環境、なかでも街道や宿駅制度が整えられたことがあげられる。

江戸幕府は幕藩体制を形成し維持するために江戸を中心とした五街道を重要幹線とする一大交通体系の改変をめざした。慶長六年（一六〇一）、まず東海道に宿駅を指定して伝馬継送りをする宿駅制度を施行、さらに中山道・日光道中・奥州道中・甲州道中にも宿駅制度を設け、大名の宿泊や人馬利用の便を図っている。また、交通上の要衝には関所や口留番所を置いた。

幕府は、五街道を成立させるとともに江戸防衛という軍事的な目的や、参勤交代の実施に伴う諸大名の統制という政治的な必要性から、新たに諸国の交通要所約五〇カ所に出女・入鉄砲取締を目的した関所を設けた。単なる交通機能にとどまらず、政治・軍事機能を十分発揮できるように配慮したのである。

では、それ以前の街道はどうだったのか。

中世も室町時代後期に入ると、少しずつ街道は整えられていったが、東海道など表街道の一部や都市などに限られており、宿泊設備も少なかった。駕籠など乗物の利用も一部階級の者が利用するにとどまり、旅人が手軽に利用できる乗合船もなかった。なかでも、旅人にとって最大のネックだったのは、街道、河川、港湾などに無数に設けられた大名の関所からの関銭の徴収だった。私関は、旅人から膨大な関銭を徴収したため、経済的にも大きな負担となっていたのである。また、戦乱の世で治安は乱れていたため、旅先では山賊や海賊の被害に遭うことも多く、命や財産は常に危険にさらされていた。

このような思いまでして行く旅は敬虔な寺社参詣に限られ、楽しみとはほど遠いものだったといえる。

安土・桃山時代に入ると山賊、海賊、関銭などの問題は、徐々に改善され、旅の安全化が進んだ。織田信長は交通の妨げとなっていた領内の関所を廃止し、支配地域の拡大とともに関所撤廃政策を行った。豊臣秀吉も関所撤廃政策を継承し、国内の交通網は整えられていった。

江戸幕府も基本的にはこの方針を継承し、関銭を徴収するような関所は廃止している。一方、大名の設けた私関に対しては、寛永十二年（一六三五）武家諸法度により私関と津留の制禁を諸大名に命じ、戦国大名の分国中心の交通体系を改めて交通政策の一元化を図ったのである。

交通路の施設としては一里塚と並木がある。一里塚の制度は中国で榎を植え銅表を立てて里数を記した堠《コウ》槐《カイ》の制がその起源とされる。日本でも織田信長が分国内に一里塚を築き、豊臣秀吉が五間四方の塚を三六町一里として一里塚を築き度量衡制の普及をめざしたが、制度として整えられたのは江戸時代に入ってからである。

東海道分間絵図に描かれた武蔵国橘樹郡市場村の一里塚

徳川家康は秀忠に命じて、慶長九年（一六〇四）江戸日本橋を起点として東海道・東山道・北陸道に榎を植え、五街道については三六町を一里として一里塚を築かせ全国に普及させた。榎を一里塚に採用したのは、榎は根が深く広がって塚を固め、塚が崩れにくいからである。また一里塚の設置とともに並木を植えさせ、その保護政策は幕末まで続いた。並木は幕府の奨励や諸藩の努力により次々に拡大した。たとえば宝暦十二年（一七六二）には従来の積極的な並木保護策を徹底させ、五街道、脇街道など全国の往還の並木を植えつぎ、道幅の狭いところの修築などを詳細に規定している。

こうして構築された一里塚は旅人にとっては、里程の目安や駕籠の乗り賃支払い時の目安になったばかりでなく日差しの強い日には木陰の心地よい休憩所となり、並木は旅行者が酷暑を避けながら歩くためにおおいに役立ったのである。

江戸時代も半ばを過ぎると交通や宿泊施設の整備は一段と進み、充実していった。これら宿駅や道橋の設置・整備の目的の第一は、参勤交代の大名の通行や公用の武士達の交通を円滑にするためであったが、全国的に統一的な交通環境が整えられたことで、庶民にとっても旅ははじめて快適なものになったといえよう。

金銀の流通で身軽な旅が実現

江戸幕府は、街道の全国的な統一とともに金銀制度の確立を図ったが、貨幣の流通も旅を快適にした大きな要因といえるだろう。中世の貨幣は、一枚一文という基準価値のきわめて低い銅銭一文に限られていた。そのため旅行の目的で少しまとまったお金が必要となれば千枚にも及ぶ銅銭を携帯しなければならず、持ち運ぶには不便で、当然長旅には不向きだったのである。江戸時代に入り、金・銀貨が鋳造されたことは、旅人にとって貨幣の重さを一挙に数百分の一にも軽くする画期的な出来事だったといえる。

単位は金貨または定量銀貨は「両・分・朱」(両の四分の一が一分、一分の四分の一が一朱)、秤量銀貨は定量による「貫・匁」、銭貨は「文」である。銭貨は「文」のほか、書面などに記す場合には「銭一〇文」を「一疋《ぴき》」とすることもあった。元禄以降のそれぞれの交換比率は金一両＝銀六〇匁＝銀四貫目(四〇〇〇文)というのがおよそ基準である。

金銀貨は元禄八年(一六九五)に品位が改められ、江戸末期までしばしば改鋳され、種別も追加された。金貨幣では大判・小判・一分金のほか二朱金・二分金・一朱金が追加され、銀貨幣は秤量制の丁銀・豆板銀のほかに明和期(一七六四〜七二)以降、定量の五匁銀・二朱銀・一分銀・一朱銀などが新たに製造された。

人々は旅にはこれらの軽くて小さい一分金・二朱金を携行し、小銭がなくなると宿屋などで両替し旅の便宜を図った。江戸時代を通して「路銀」という言葉が広く旅費の意味で使われていることからも、高額札が旅人に親しまれて用いられていたことがわかる。さらに江戸中期以降、江戸・大坂を中心に両替商が栄え為替が普及し、旅にも為替を用いることが可能になった。旅人は大金を持ち歩かずに済むことができたため、旅はより便利で安全なものになったのである。

旅ブームの背景

交通が整えられたといっても、近世初期の段階では、まだ大名や武士などの公的な目的の旅が中心で、庶民の旅は一部の富裕な者に限られていた。庶民の旅が盛んになりはじめるのは、享保頃からだが、幕府設立から百年にあたるこの時期は民衆の経済的な成長が著しい時期にあたる。

十七世紀半ばには、幕府による中央集権的な封建体制が確立し安定期に入っており、日本は世界史上でも珍しい長期にわたる平和な時代を迎えていた。国民の大半を占めていた農民は、本百姓制度の確立により隷属民から解放され、独立した小農民として一家を構え、行動の自由を手に入れていた。近世の旅においては家族旅行は少なくその大半は戸主や家長に限られていたが、農民が自由に行動できるようになったことは、旅人口の庶民層を広げたといえよう。

江戸中期には農業技術の発展により農業生産力が伸びたことで農民の生活は豊かになり、余剰を生んだ。寛文・延宝期（一六六一〜八一）には余剰米は商品化され、商業的農業が発達し、元禄頃には村には銅銭だけでなく、金貨や銀貨も流通するようになった。そのため農民の消費生活は一層向上し、衣食住も全般的に豊潤となり、旅に出かけるゆとりが生まれたのである。

町人や商人の成長は農民にも増して著しいものがあった。交通や交通網の発展は、中央と地方、地方と地方を結びつけ多数の商人を生み出し、都市を発展させたからである。元禄頃の代表的な都市は、江戸、大坂、京都だが、この頃江戸は人口百万を越える世界最大の都市になっていた。都市に住む商人、町人の日常生活は向上し、農民より富裕だった。元禄を境に衣食住全般の生活は豊潤となり、暮らしにはゆとりが生まれ娯楽や遊びへの関心がより一層高まっていったのである。

非日常の世界へ

人々はいったいどのような意識で旅へ出たのだろうか。

消費生活が向上し生活が豊かになったといっても、農民は封建領主の直接的な担い手であったため、領主によって厳しく規制されており、衣食住など、日常生活のすべてが細目な規定と干渉で縛られていた。封建領主は農民の出奔や農耕の支障などを恐れて農民の長旅を歓迎しなかったし、幕府や藩も農民の消費生活をできるだけ抑えようと監視の目を光らせていた。そのため正当な理由がなく土地を離れることは困難だった。

しかし医療のための温泉行とか、信仰のための参詣などの目的であれば封建領主といえども容易に止めることはできず、寛容に扱われた。なかでも伊勢参宮は、もっとも領主の規制が緩やかだった。そこで農民たちは伊勢参宮を名目にして旅立ち、実際にはそれ以外の多くの観光地の見物にも出かけたのである。

第一に、旅は窮屈な生活から解放される絶好の機会であり、リフレッシュするためにも必要だった。都市と異なり、農村には劇場もなく娯楽に乏しかった。そのため村祭りや、講による共同飲食が盛んに催されたり、村芝居が普及するが、これらは、現実の日常生活から完全に抜け出せるほどのものではなかった。土地からの解放、空間的な脱却という本当の意味での解放感を味わうためには、旅こそ最良の手段だったのである。

第二に、関東地方からの伊勢参宮の旅は二、三カ月もの時間を要する大旅行だったし、多額な費用がかかったから、めったに行けるところではなかった。

伊勢参宮への途中ほとんどの旅人が伊勢から西国各所をめぐっているが、多くの庶民、とくに農民にとっては、伊勢参宮や西国巡礼といった遠隔地への旅行は、単にリフレッシュするためだけでなく、生涯に一度か二度のチャンスであり人生にとってもまさに最大のハレの機会だったのである。古代以来文化の中心だった大和や京都は文化財が豊かで景勝に優れており、見どころが集中していた。霊験あらたかな大社や名刹も数多く存在した。大坂には歌舞伎芝居が発達しており、農民にとっては近世芸能に直に接することができるまたとない機会でもあった。

都市における商人や町人に対する規制は農民に比べればまだ緩やかだった。とはいえ封建社会の身分制度は厳重であったため、身分を越えた浪費やぜいたくは許されなかった。度を越えれば、闕所・追放などの弾圧もあった。町人にとっても、旅は封建領主から解放される絶好の機会だったといえる。大都市には劇場や遊廓が発達し、さまざまな消費文化が生まれたが、旅や参詣も消費文化のひとつとして発展していくのである。

もちろん、寺社参詣という信仰を目的とした従来ながらの旅も存在したが、江戸後期における寺社参詣の旅は、その大部分が旅先の名所・旧跡見学、芝居や繁華街の見学という物見遊山的な要素をもつところが大きな特徴である。やがて、旅は単に日常生活のしがらみから逃れ、解放感を味わうためだけでなく、風景を愛で各地の名物名産料理に舌つづみを打つなど、より積極的に楽しむためのレジャーとしての要素が強くなってくるのである。

第二節　旅の準備

往来手形

江戸時代は現在と違って、「思い立ったら吉日」とばかりに、すぐに旅に出ることはできなかった。庶民が旅行する際には旅立つ前にそれなりの準備が必要だった。江戸中期に確立した檀家制度のもとで、まず菩提寺に旅立つ旨を告げ、往来手形とか往来切手と呼ばれるものを住職に一札書いてもらう必要があった。これは旅先に携帯するためのいわば身分証明書である。発行者は主に菩提寺だったが、庄屋や組頭が連署で書く場合もあった。

往来手形には、はじめに手形所有者の住所と名前、次に宗旨名および当寺の檀那であることを明記、三番目に旅行の目的（諸国神社仏閣参詣とか、西国並びに四国巡礼、または温泉湯治など）を記載、最後に添え書きとして、途中行き暮れた場合には旅宿で世話を、病死した場合にはその宿の作法による処置を頼み、ついでの節に故郷に知らせてくださいと結ぶのが決まりの形である。往来手形は本人が常に所持するものだから、基本的には特定の宛名は必要としなかった。このほかに、身分の上下を問わず、関所を通行する場合には関所手形が必要だった。

近世に入ると、庶民の男性の場合は特に関所手形を必要とせず、往来手形の検閲を受けるだけで済むようになったが、女性の場合は、往来手形と関係なく上り・下りを区別し、地域別の特定の発行者による女手形を関所へ提出する義務があった。だが、男性も関所での取り調べの煩雑さを避けるために名主や領主発行の証文を携帯したり、関所近くの旅籠屋や茶屋などで手形を購入することもあったようだ。

女手形の発行は幕府留守居役や京都所司代などの特定役職と、幕府が指定した一部の大名だけが発行した。江戸の女性の場合は、当事者の主人―名主―年寄―町奉行―幕府留守居という複雑な手続きを経てようやく手形を入手することができた。

手形発行者は手形の贋物を作成させないために印鑑証明にあたる判鑑《はんかがみ》（印鑑）を関所に置いた。幕府は、江戸に鉄砲を輸送するとき（江戸に入る場合に限って老中の発行する鉄砲手形を必要とした）と、江戸を出る女、いわゆる「入り鉄砲に出女」の実態を調査し、江戸の防衛を固めたのである。

関所手形は通行する関所ごとに提出したので、たとえば江戸を出て東海道を上る女は箱根・新居と、宛名のみ異なる同一文面の手形を二種類用意しなければならなかった。女性の旅は関所がある限り煩わしい手続きを踏まなければならなかったのである。

関所と同じような機能を持つものに「口留番所」がある。一般的には幕府の設定した大規模のものを関所、関所を補完する小規模なものや藩で設定したものを「口留番所」あるいは番所と称している。実際には「口留番所」は諸藩で物資の移出入を禁止あるいは制限し、また口銭を徴収するために設けられたものが多い。

江戸後期から末期にかけて庶民の旅が盛んになり、交通量とともに、商品輸送が増えると、関所の規制も緩んでくる。幕府による貨物輸送の規制が衰退すると「抜荷」が横行するようになり、関所の機能は低下し、関所破りも日常化した。東海道の例でいえば、関所手形を所持しない女性は検閲の厳しい箱根・今切関所を避けて、比較的関所役人の少ない「口留番所」を選択することが多かった。

幕末、参勤交代制が崩壊していくと関所の機能も変化していく。文久二年（一八六二）閏八月、幕府は人質である大名の妻子の帰国を許可すると改定し、同年十一月には留守居の手形を必要とした従来の制度を改め、妻子帰国の際には人数を届けるだけでよいとし、関所に対しても簡単な取り調べだけで通行を許可するように改定している。

文久三年（一八六三）三月以降、関所手形の発行や書式は著しく簡略化されたが、逆にこれまで手形が不要だった庶民男性にも女性と同様の簡単な男手形が必要となった。武士の場合は上司が、庶民の場合は庄屋か組頭が発行したもので住所、氏名、目的地を記す程度の簡単なものだったようだ。

慶応三年（一八六七）八月以降は、関所の取り調べに当たり女性と男性の差別をしない、武具類は差添人の通行証書だけで通行を許可する、急用の役人の夜間通行も許可することなどが定められ、関所の実態は失われていったのである。

旅の装い

一般的な庶民男性の旅姿は紺無地か縞の着物の上に道中羽織を羽織り、脚絆に草鞋を履き、菅笠をかぶる。風呂敷包みと行李を手ぬぐいで結んで振分荷物にした。荷物はコンパクトにまとめられており、前にかけた風呂敷包みには弁当籠など道中で使うものを入れ、後ろの行李には着替えなど道行きで使わないものを入れた。

江戸後期に出された旅行案内書には、旅に出る際の心得を記したものが多かったが、文化七年（一八一〇）刊行の八隅蘆庵『旅行用心集』はこれらの集大成ともいえるもので、旅に出る際の必要最小限の心得と用心を細かく注意書きしている。それによると旅の所持品については次のように記されている。

一、矢立、扇子、糸針、懐中鏡、日記手帳（一冊）、櫛、鬢付油

矢立とは元は硯の意味だが、近世には携帯用の墨壷付き筆のことをいい、帯にさして携行した。

一、提灯、ろうそく、火打道具、懐中付け木

一、麻綱（宿所で荷物をくくっておくのに便利だとしている）

一、印板（家に印鑑そのものは残しておき、版木に文字を彫った物を携帯し為替などに用いた）

「五岳」「白澤の図」という旅のお守りも携帯した。「五岳」とは中国で古来国の鎮めとして崇拝された五つの霊山で、五岳を敬うことは舜の書物にも出ており、日本にもこの信仰は伝えられていた。「白澤」とは、中国の想像上の神獣で人語

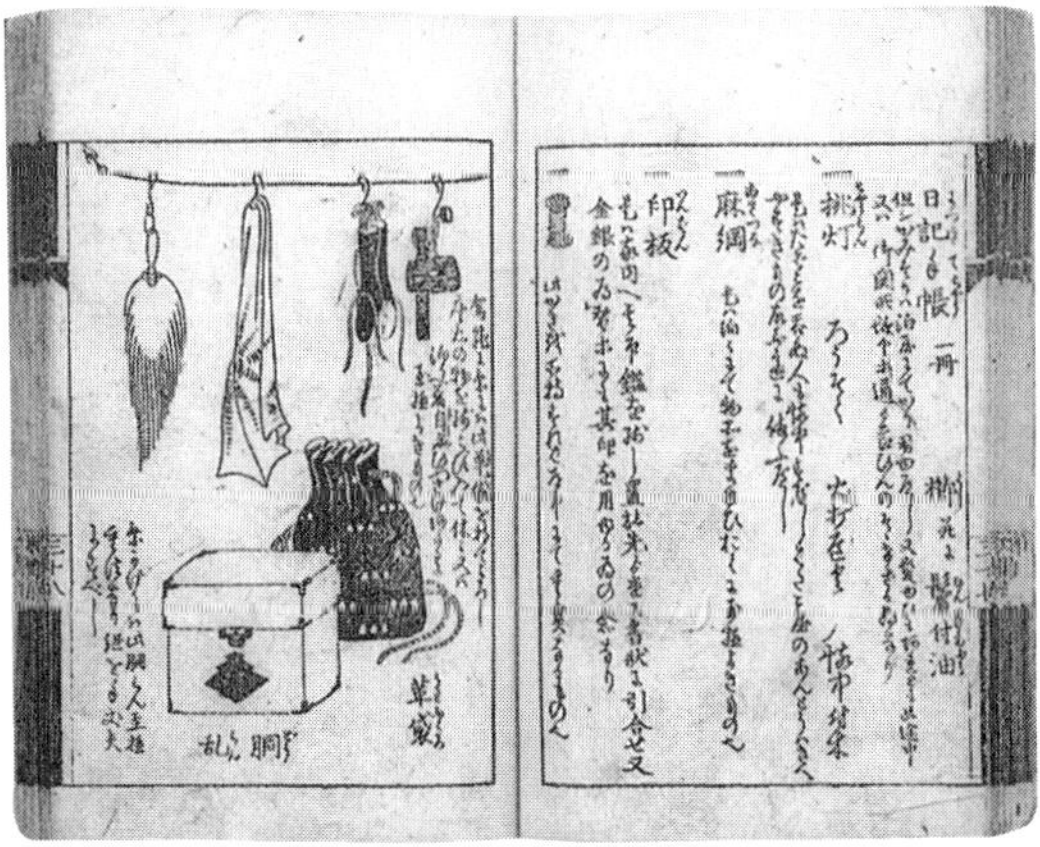

八隅蘆庵『旅行用心集』（1810年）

を解し、背と脇腹に左右八つの目があり、有徳の王者があるときに出現するといわれた。これらの両図を懐中すれば旅行中の災難を免れ、悪鬼や猛獣が近づくことはなく、開運昇進の御利益があると信じられていたのである。

『旅行用心集』にはそのほか、旅に持っていくとよい薬のこと、旅先で水が変わることの用心について、船に酔ったときのよい方法、駕籠に酔わない方法などが具体的に書かれている。また、徒歩に頼った旅にふさわしく「道中でくたびれたのを治す秘法」なども紹介されている。現在でも十分通用するような項目も多く、旅の準備や、旅先で大いに役だったであろうことがうかがえる。

また、東海道や木曽路（中山道）の里程などのほかに、全国の温泉四〇カ国二九二カ所も紹介している。全国の温泉を国別に見やすく並べ、道のりと効能のあらましなどが記されており、温泉ガイドとしても重宝する。諸国の温泉を紹介した理由として「養生のために湯治に行く人はもちろんのこと、物詣でや遊山などの途中たまたま立ち寄って湯治する人のためにもなるように」とあり、当時、多くの人が参詣帰りなどに温泉に入り楽しんでいたことがわかる。

第三節　旅籠屋と浪花講

旅籠屋の発達

庶民の旅を快適にしたもののひとつに旅籠屋の発達があげられる。宿泊施設が充実していることは、快適な旅には欠かせない要素である。また旅の安全性の面でも重要なことだった。

東海道五十三次の宿駅は比較的早くから宿泊施設が充実していた。ひとつの宿駅には、二〇軒から六〇軒の旅籠屋があり、旅人を十分に収容することができたし、サービスも質も良かった。

近世の庶民の宿泊施設を代表するものには旅籠屋と木賃宿がある。旅籠屋とは宿場における本陣・脇本陣以外の宿泊施設のことで、食事付きの旅宿を指す。木賃宿は、薪代を払い、宿屋が用意した米を購入して米を炊く、いわば自炊形式の宿である。

「旅籠」は、古くは旅をするときに馬のかいばを入れる籠のことを指し、平安時代には旅のときに食糧を入れて持参する道具のことをいった。中世に入り宿屋が発達すると宿屋で馬の飼料を用意するようになり、馬槽を宿屋の看板としたため、「馬駄飼《はたご》」といい、後世にはこれが転じて旅籠屋となった。

旅籠屋は、木賃宿が発展した形態という説もあり、その成立時期ははっきりしない。だが食事も提供する宿屋としての旅籠は、元禄・享保期までには各宿駅で成立しており、旅行者の数の増加とともにその数を増やしていった。

一方、木賃宿は江戸後期になると、大道商人・雲助・日雇稼などの利用が増えたため、「御安宿」とか、「雲助宿」と呼ばれることもあったが、零細庶民の旅宿として典型的な形で最後まで残ることになる。

旅籠屋のほかに宿場で旅人が休息をとるための茶屋があった。茶屋はひとつの宿場に数軒から十数軒あり、その多くは宿端にあった。また宿場のない間の村、渡船場、峠などに設けられており、庶民の旅の増加とともにその数を増した。宿外れの立場《たてば》に設けられたものは「立場茶屋」と呼ばれ、旅立つ者を立場茶屋で送る場合も多かった。給仕女がいて湯茶、一膳飯、団子、酒肴などの食膳を提供したが、立場茶屋での宿泊は禁止されていた。旅人は旅籠屋では昼食をとれないため、茶屋で昼食をとったり、宿場名物の菓子や果物などを食べた。土間には腰掛けや縁台などが置いてあり、旅人が草鞋を脱がないで食事や茶菓子を食べられるようになっていた。茶屋での休息も旅の楽しみのひとつだったのである。

「旅籠組合」浪花講の登場

旅人の往来が盛んになり宿泊施設が整えられてくると、宿駅の旅籠には、飯盛女を置くところも出てきた。そのため飯盛女を置かない旅籠を「平旅籠」、飯盛女を置く旅籠を「飯盛旅籠」と呼び区別するようになった。

万治三年（一六六〇）、幕府は東海道諸宿の遊女禁止令を出すが、これに代わって各宿駅に出現したのが飯盛女である。飯盛女とはいわゆる黙認の私娼婦で、宿場女郎、枕付飯盛、食焼女、食売女とも呼ばれた。彼女らは、貢租負担などによる経済的破綻から年貢質入れの形で事実上身売りされた農民や町人の女性が多かった。

交通がいち早く発達した東海道においては、正徳年間（一七一一〜一六）には、毎年四、五人の飯盛女を抱える宿も出てきたため、幕府は享保三年（一七一八）には、旅籠一軒に飯盛女二人と限定する令を出している。だが宿駅では平旅籠を含めた総旅籠に各二人ずつと曲解して飯盛旅籠の抱人数を水増ししたり、下女名目で抱えて客をとらせたりしたため、飯盛女の数は急増しており、その風紀の乱れは社会問題化していた。宿駅が幕府の規制を無視したのは、飯盛旅籠の存在が旅人や近隣の若者や助郷衆の逗留を促し、飯盛旅籠の側でも献金という形で宿財政にある程度寄与することもあり、結果的に宿の経済的繁栄につながるものだったからである。

飯盛旅籠の多いところでは同業者の競争も激しく、宿場には客引きの女（留女《とめおんな》）が待ちかまえていて、客の手を引き、無理やり自分の宿へ引き入れる光景が日常化していた。快適な旅を楽しみたい旅人にとって、このような客引きの存在は脅威であった。ましてや一人旅の者にとっては深刻な問題であった。集団の旅はともかく、一人旅の者はただでさえ旅籠屋から警戒されて宿泊を拒否される場合も多かったからである。

はじめ幕府は一人旅の者を擁護する通達を出していた。貞享四年（一六八七）には、「一人旅の者に宿を貸すと面倒なことが起こるからと、一般に宿を貸さない傾向があるが、急用があって一人で旅行する者も多いから一人旅の者も不自由のないようにすべきである」（『牧民金鑑』）として、旅人に不自由があれば処罰するとしている。

宿が一人旅の者を泊めたがらない理由は病気などで旅人が動けなくなった場合、その処置に困ることが多かったからである。往来手形には宿に処置が一任されているが、宿にとってはありがた迷惑であった。ところが、江戸後期になり旅人と飯盛女のトラブルが増えると、幕府でも一人旅の者を許可なく泊めることを禁止する方向に切り替えている。

たとえば文政八年（一八二五）、東海道品川宿の旅籠屋で、旅人と奉公人（飯盛女と思われる）が相対死をした事件があった。この旅籠屋の主人は、一人旅の者を宿役人にも届けないで止宿させたのは不埒であるとして「急度叱り《きつと》」という処罰を受けている。また、同年日光道中の千住宿小塚原町では、大真という僧と、いととという女が相対死をした。このときは旅籠屋の主人は女を酒の相手に差し出した罪と大真が一人旅であるのを宿役人に届けないで泊めた罪で過料銭三貫文をとられている。

このように事件が起これば旅籠屋が処罰されることになるため、旅籠屋は面倒なトラブルを避けるためにもできるだけ一人旅の止宿を断るようになったのである。

気軽に一人旅を楽しみたい者にとっては宿泊を拒まれたり、客引きに煩わされたりでは、旅の喜びも半減してしまう。そのため旅人からは安心して泊まることのできる旅籠への要求が高まっていく。一方旅籠屋にも不審な客の宿泊を拒み、上客を確保するための対策を講じようという動きがでてきた。こうして飯盛女を置かず、一人旅の者も安心して泊まれる真面目な旅籠屋（平旅籠屋）を選んで紹介斡旋しようという目的で、宿同士が組合としての講を結成したのが大坂の「浪花講」である。

浪花講は文化元年（一八〇四）、大阪の綿弓絃（綿打ち具）師の松屋甚四郎と江戸の鍋屋甚八が講元として、松屋の手代源助が発起人となり、優良な旅籠を紹介・斡旋する講組織として誕生した（最初は浪花組と称したが、天保十二年〈一八四一〉浪花講と変更した）。その年に出版された『浪花講定宿帳』には、宿場間の里程や駄賃などとともに、安心して宿泊ができる旅籠や休憩所（加盟店）が紹介されている。いわば、講中が発行した旅のガイドブックといえる代物である。加盟した旅籠屋は、講名の看板を掲げ、旅人はこの冊子を購入し、講中に入会した証明として固有の通し番号が入った鑑札（木札）が渡された。

定宿帳の規定には、

一、ご法度の懸け勝負を成さる御客、宿致し申さず候事。
一、遊女買い成さる御客、宿致し申さず候事。
一、宿にて酒もりいたし、声高にて騒ぎ成さる御客、宿致し申さず候事。

とあり、一人旅の者が相部屋になっても安心して泊まれることを暗示している。指定旅宿などが講規則に違反した場合には指定取り消しの処置も取ると公言していた。旅人は『浪花講定宿帳』の指定旅館で、会員証に相当する鑑札を提示すれば講員として優遇され、たとえ一人旅であっても、安全で快適な旅が保証されたのである。

現在の協定旅館ともいえるこのシステムは旅人にも旅籠屋にも好評を博した。浪花講は次々と加入者を増やし天保十年（一八三九）には五街道のみならず脇街道や山村にも及ぶなど、全国的な広がりをみせたのである。『浪花講定宿帳』も好評で天保七年（一八三六）、嘉永五年（一八五二）、安政二年（一八五五）同三年に改訂されるなど、版を重ねている。

浪花講に刺激を受けて天保元年（一八三〇）には大坂の河内屋茂左

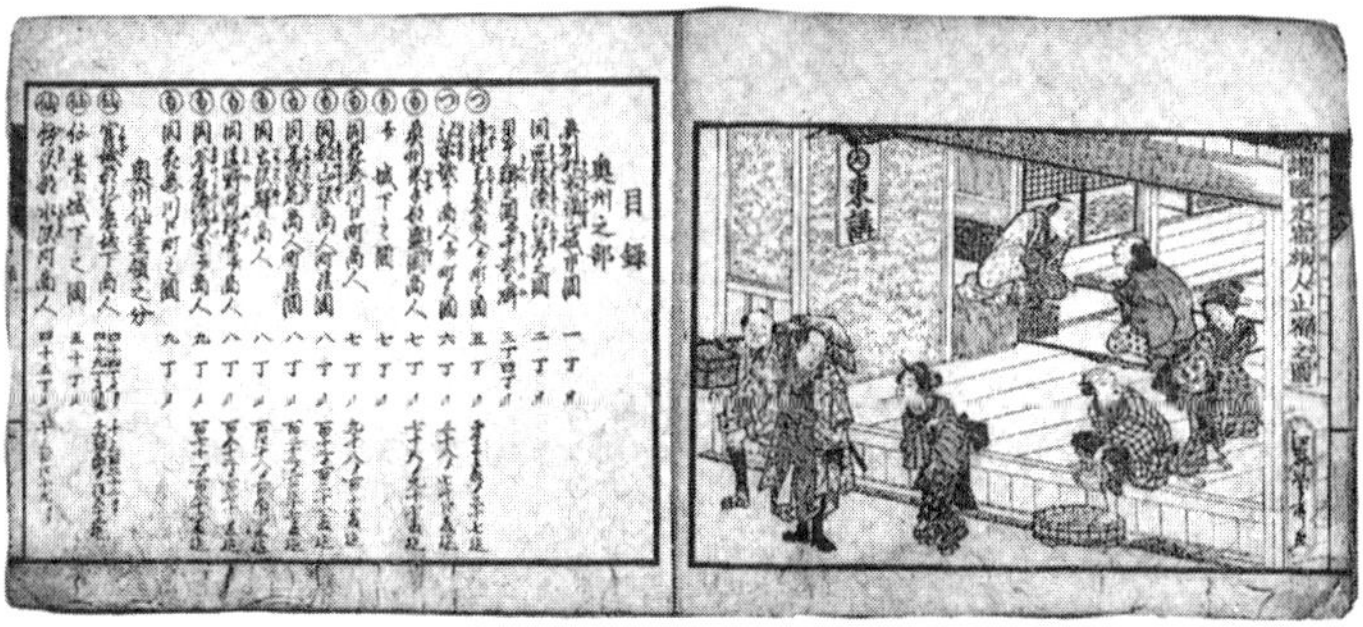

安政２年出版の『東講商人鑑』のさし絵

衛門が「三都講」を設立した。こうした動きのなかで安政二年に江戸の大城屋良助が設立したのが「東講」である。東講は江戸に起こり、東国なかでも東北や関東地方を中心に旅籠屋並びに商店も加盟しているることが特徴的である。

安政二年に出された『東講商人鑑《かがみ》』は、旅館名鑑ともいえるもので、加盟の旅籠屋が列記されている。これまであまり知られていなかった宇都宮以北の若松、仙台、高田、山形、米沢などの都市や主要港および有名温泉や社寺の案内絵図などが載せられており、付録には五街道の地図がついている。東講は安政五年には『五海道中細見記』、安政六年には『東講定宿帳』を出すなど、文化の中心地である江戸で、多彩な出版活動を展開した。

これらの出版物はいずれも詳細に旅籠屋や商店などを調査したもので、立場や小休憩所なども指定しており、旅人の便宜を図ったガイドブックとしても注目に値する。旅の大衆化と出版物の盛行を裏づけるものといえるだろう。

第四節　旅の実態

旅日記にみる旅のスタイル

江戸時代の庶民の旅の様子を、江戸後期に旅をした庶民の旅日記にみてみよう。旅日記は、道中での休泊地や宿屋、出費の内訳を簡単に記したもの、名所の感想や道中の名物や旅館の評価を綴ったものなどさまざまである。だが、個人の日記というよりは公的な記録的要素が強いものが多い。それは江戸時代は個人で出かける旅より、講による旅が多かったからである。

講とは仏教の僧侶による講義、講説が語源で、信仰を同じくするものが集まり供養、飲食を共にすることを意味した。講では、仲間同士がお金を出し合って旅の費用を捻出することになるので、費用の出所については、比較的記録されているケースが多い。旅の印象も単なる感想というよりは、ガイドに近いものも多くみられる。情報量の少ない時代だから、旅の記録は後に旅に出る人のための貴重な情報源であり、アドバイスでもあった。

それらの旅は、ほとんどが一〇人以上の集団によるもので、なかには五〇人、六〇人という大所帯の集団もあった。伊勢参宮は関東からは距離的にも遠いため、代参講が一般的だった。代参講とは同じ信仰をもつ多勢の者が集まって多少の金銭を積み立て、数人の代表者を送り出すことである。代表者はふつう籤で選ぶ。人数は一講四〜五人程度だが、道中は単独の講で行くことは少なく、二〜三、四カ村が同行するため、総勢一五〜三〇人ぐらいの大所帯となるのである。

参宮を済ませた後は、それぞれの講によって行き先を異にする。参宮後すぐ帰る講中もあるが、大多数の講中は大和から大坂、京都を見学する。さらに四国讃岐の金毘羅詣をする者など、さまざまである。一生に一度の大旅行だから伊勢だけで帰る一行は少なく、伊勢から熊野の西国三十三所巡礼を行い、大坂・京都を巡る講中がほとんどで、帰路はコースを変えて東海道ではなく中山道を通り、善光寺を巡って帰路に着くというパターンが多い。

江戸時代の人は健脚だったから、成年男性なら、一日に約九里から一〇里を、老人や女性でも一日八里は歩いた。朝はできるだけ早く出発し、夜は遅くならないうちに宿屋へ入るのが普通である。東海道の江戸～大坂間の約一二六里なら、およそ一二～一三日で歩けたわけである。単純に計算すれば二四～二六日で東海道の往復は可能だ。しかし、せっかくの長旅である。ほとんどのグループがあちこちに寄り道をしている。

旅行日数は最も短いもので二八日、約一カ月で、六〇日から九〇日の間のものが大多数を占める。一〇〇日を上回るものも三ケースあり、最高は岩手の一八〇日で、半年にわたる大旅行である。旅立ちの時期はほとんどが正月に出立しており、三月か四月までには帰国していることから、農閑期を選んでいたことがわかる。年齢層は二十代、三十代前半の若者が多く、名主、年寄、村役人など富豪層が多い。いくら農閑期といっても現役では長期間家を留守にできなかったためか、家督を継ぐ若者に行かせている例がほとんどである。

出立にあたってはさまざまな儀式が行われた。参宮前日には代参者は氏神に参拝し御神酒を受けお祓いの注連《しめ》をもらう。家族は旅人が帰宅するまでの間不浄のものが入らないように、これを家の入口に張る。代参家は講中や親類縁者を招き旅立ちを祝うための祝宴を開く。旅人は別れの水杯をかわし餞別をもらう。

出立の日は講中などから見送りの人が出る。サカオクリ（境送り）といい村境まで送るのが風習になっていた。日本橋を出立とした場合「お江戸日本橋七つ立ち」の七つ立ちは現在の時刻にすると午前四時頃という早朝である。日本橋から品川まで二里、当時の人なら歩いて二時間の距離でちょうど夜が明ける頃、代参者の見送りを済ませることになる。

東海道を進み最初の昼食が川崎宿か神奈川宿となる。ここで「同行堅め」を行い酒を飲む。共同飲食は仲間となるための必須の儀礼である。この儀式を終えてはじめて講集団としての旅がはじまるのである。

旅の費用

江戸時代の庶民の旅にはいったいどのくらいの費用がかかったのだろうか。弘化二年（一八四五）に旅をした世田谷喜多見村の田中国三郎の日記『伊勢道中記史料』からみてみよう。

田中家は宝暦以前には喜多見村旗本領の名主を務め、以降は代々年寄役を務めた。弘化二年の参宮は国三郎二十四歳の時である。正月二日に出立し伊勢参宮後は金毘羅宮から岩国の錦帯橋まで足をのばし、帰りは中山道を使い大坂・京都廻りで四月二〇日に帰国という八七日間におよぶ長旅である。

国三郎は克明に旅費の記録をつけているので、およそ庶民の旅の費用の実態がわかる。国三郎は旅には軽くて小さい一分金・二朱金を携行し、小銭がなくなると宿などで頻繁に両替をしている。その回数は八六日の間に三二回にも及び、宿場での両替が気軽に行われていたことを裏づけるものといえよう。旅費の大部分を占めるのは宿泊費である。大半が徒歩によったため、駕籠を用いた場合などを除いてほとんど交通費用は要しなかった。

旅宿には、木賃宿と旅籠屋があるが、旅日記にみる庶民の旅ではほとんどが旅籠屋を利用している。木賃宿は素泊まり、自炊用の木賃（薪炭代）を払うタイプの宿で一泊五〇〜六〇文。旅籠屋は一泊二食付きの宿で、江戸時代中期の東海道の旅籠屋のおよその公定値段は上宿で一七二文から三〇〇文、中宿で一四八文から一六四文、下宿で百文から一四〇文で、幕末まで大きな変動はない。国三郎の記録をみても一三二〜二〇〇文の宿賃が多く、東海道や京・大坂などの都市では、ほとんどが二〇〇文とやや割高になっている。

徒歩による旅だが、当時は川に橋が架かっていない場合が多かったので、途中何度も川を渡らなければならず、そのたびに渡し賃が必要だった。渡しには船による渡しと歩行《かち》渡しがあった。近世の東海道の場合、六郷川、馬入川、富士川、天竜川、今切《いまぎれ》渡し、桑名七里渡しが船渡しで、酒匂川、興津川、安部川、大井川が歩行渡しである。

渡し賃は水深によって異なった。東海道最大の大井川を渡るには川会所で川札を購入し、川越人足に手渡してから人の肩や輦台に乗り川を越した。川札の値段は水かさによって異なったが、歩行渡し（肩車）で五四〜七八文くらい、二人乗りの輦台で渡ると一人二〇〇文以上というのが相場だった。渡船や歩行渡しの場合、川の水が増水すると渡河が禁止され足止めをくらうこともあった。一方渇水になると渡船賃が値下げになることもあった。国三郎の場合、川崎の六郷の渡しや馬入渡しには一五文、大井川の川越えには一五六文と酒代二四文を払っている。

毎日のようにかかる経費には歩くための消耗品として草鞋の代金がある。一足一〇〜二〇文だが、三日に二足くらいの割合で履きつぶしている。飲食代は、昼食（五〇文前後）のほかに茶屋代がかかる。茶屋で休み蕎麦や甘酒などを飲み、名物の菓子や団子を食べる。これが三五〜五〇文ほどである。寺社参詣も毎日のように行うが、賽銭、御礼、拝観料などがかかる。古都の寺社詣は、見学の際には案内人を雇う。案内賃は一人当たり一六〜五〇文である。

江戸後期には観光コースができていたようで、皆おなじような所を見学している。有名寺社には案内人がいて観光ガイドをするという商売が成り立っていたことがわかる。

毎日ではないが、宿で按摩を頼めば按摩代が二四〜四八文、髪結いが二四〜三三文、酒が一合一五〜二〇文かかる。道中、駕籠や馬に乗る場合もあったが、旅籠屋代に比べても非常に高く大変なぜいたくだったようだ。庶民のなかでも余裕のある人か、道がきついなど、特別なときにだけ用いた手段だった。駕籠に一回乗るだけで、旅籠代の二、三倍は要する。そのうえ人足のかつぐ駕籠は揺れも激しくあまり快適とはいえなかったようで、駄賃を払って馬の背に乗る場合もあった。

駄賃馬は重量や乗り方によってさまざまな種類があった。荷物だけを載せる馬を「本馬」といい、荷物と一緒に乗る場合は「乗掛馬」と称して、元和二年（一六一六）の定書で人間の体重との合計が四〇貫目（一五〇キロ）以下に定められた。「本馬」と「乗掛馬」の駄賃は同じである。荷物なしで一人だけで乗るものを「軽尻馬」といい、五貫目くらいの荷物はつけられた。駄賃は「乗掛馬」の約八割だった。坂道などで道が険しくなれば割高になるのは駕籠と同じで、『東海道宿村大概帳』（天保十四年、十五年）をみると、例えば川崎〜神奈川宿二里の乗掛荷人共は一六五文、軽尻馬一疋は一一四文だが、小田原〜箱根宿四里八町は、乗掛荷人共六五七文、軽尻馬一疋四二九文となっている。

国三郎が駕籠を利用したのは東海道で、梅沢（現・二宮町）から小田原まで三四八文、箱根から三島まで五〇八文、江尻から久能山まで六〇〇文である。中山道塩尻の洗馬から松本までは馬を利用しており二〇〇文を支払っている。このような特別な支出がないときでも、旅籠屋代、昼食代、菓子代、草鞋代などを合わせると一日当たり三〇〇文はかかる。

国三郎のこの旅でかかった費用の総支出額は金でおよそ五両二分である。これを一日当たりに換算すると四〇九文となる。当時それがどのくらいの価格であったかということを職人の収入と比較してみよう。

文化・文政期の大工・左官・鳶などの職人の一日の手間賃は五〜三匁であった。江戸では一匁は一〇八文に決まっていたので、五四〇〜三二四文となる。ほぼ、職人の一日の稼ぎだが、化政期の農作業の日雇賃は世田谷の場合一日一二四文と職人の約三分の一である。つまり庶民の旅の一日の費用は農作業三日分というのがひとつの目安となる。実際の旅には講による資金が出るため、すべて本人の出費になるわけではないが、遠出の旅には相当の費用と時間を要したことがわかる。

第五節　旅ブームと道中記

実用書としての道中記

旅の人気が高まるにつれ、さまざまな種類の道中記が出版されるようになった。道中記とは江戸時代を中心として刊行された旅の日記や紀行、あるいは旅路の宿駅・里程・名所・旧跡などを記述した旅行用の冊子や案内記のことである。

紀行・日記の形では、古くは平安時代の『伊勢物語』『更級日記』、鎌倉時代の『東関紀行』『十六夜日記』などがあるが、現在の旅行ガイドブックに匹敵する案内記は、これらの紀行や日記が発達したものと考えられている。江戸初期の段階では『竹斎物語』や『丙辰紀行』など紀行や日記の体裁のものが多かったが、東海道の整備が進み旅人の往来が盛んになると、実用的なものが増えてくる。

道中記は旅に携帯するものだから、基本的には小型の冊子が多かったが、ひとくちに小型といっても時代によりさまざまなタイプのものが登場する。道中記の形態には、竪形の綴本冊子、横形の綴本冊子、折本、一枚刷折りたたみ式などがある。このうち最も多く用いられたのは横本と折りたたみ式のもので、旅行懐中用に便利だったからである。

最も古いとされる道中記は　明暦元年（一六五五）の小型竪本の『道中記』である。横型が出現するのは延宝頃で代表的なものには延宝三年（一六七五）の『増補江戸道中記』がある。地図や風景などを見開きで見せるものが増えたためか、以後横形の冊子が主流になっていく。

道中記の先駆的存在ともいえるのが、万治三年（一六六〇）頃の刊行とされる浅倉了意の『東海道名所記』である。六巻六冊から成る仮名草子で、江戸から京へ東海道を上り式で、名所・旧跡、宿場間の里程・駄賃・風物・風俗・産物などが詳細に記されている。「いとおしき子には旅をさせよと、という事あり」ではじまる序文には、旅をするときの心構えや、注意点なども述べられており、その後に出版される道中記に大きな影響を与えた。楽阿弥陀仏という僧と大坂商人の手代という二人が狂歌を読みながら旅をするという設定は、主従という関係の違いはあるものの、後の『東海道中膝栗毛』に引き継がれていくのである。

十八世紀になると、道中記はさらに大きい進歩を遂げ、実用本位の充実したものが現れる。代表的なものは、盧橘堂適志編纂による『東海道巡覧記』(一七四五)である。それまでの案内書に多く見られた一般旅行注意や迷信的な記述は一切なく、京都から江戸へ向う下りの道程で書かれた東海道のほかに木曽路、中山道、参宮道、身延山、善光寺、日光道、熱海・箱根の温泉案内まで載せた実用書である。

この本の宝暦版は巻末に旅人の覚え書き用の厚紙が載せているのが特徴的で、いわばメモ付きのガイドブックである。厚紙は漆塗りになっていて、墨で書いた後、拭き取れば何度でも使用できるという工夫が凝らされている。さらに京都から江戸への飛脚屋、江戸から京都への飛脚屋、大坂から江戸への飛脚屋の住所も載っており、通信の便宜も図られている。

享保頃からはより携帯に便利な袖珍判(ポケットサイズ)の冊子として『大日本道中行程細見記』(一七二二)、『日本道中行程記』(一七二四)なども登場する。またこの時期、道中往来ものと呼ばれる形式のものも現れる。『都路往来』(別名『東海道往来』)がその先駆的なものとされ、『中山道往来』『木曽路往来』『伊勢道中』などが後に続いた。これらは五十三次を七五調の尻取り唄に仕立てたり、旅に関する実用知識をまとめているのが特徴で、後に寺子屋のテキストブックにも採用された。

寛政以降は一枚刷り折りたたみ式の案内図も多くなる。代表的なものとしては寛政四年(一七九二)刊の『諸国案見道中独案内図』がある。一枚に開くと、東海道、木曽街道、中山道、日光道、北国海道、京大坂、伊勢など、広範囲の街道の里程、駄賃などがすぐに地図式でわかるというものである。持ち運びにも便利とあって好評を博したようで、文政、天保にも同じ形式のものが刊行されている。

十九世紀に入ると、東海道道中記のなかでも大ベストセラーとなる十返舎一九の『東海道中膝栗毛』（一八〇二）が刊行された。江戸神田の八丁堀に住む弥次郎兵衛と喜多八の二人が東海道を上り、伊勢に詣で京都から大坂にまで足をのばす珍道中を描いた滑稽本である。

庶民の旅ブームと並行するように、初編が刊行されてから次々とシリーズが刊行され、文政五年（一八二二）に上中下中山道中が出版されて完結するまで、『東海道中膝栗毛』は一八冊、『続東海道中膝栗毛』を併せて二五冊が発刊された。続編では二人は伊勢参りだけでなく金毘羅・宮島へと足を伸ばし、大津に戻り、帰りは中山道から善光寺を参拝し、草津温泉に立ち寄り江戸へ帰るという庶民の憧れのコースをたどっている。滑稽本という形をとりながら案内記としての役割も果たしており、自らも旅をしているような気分を味わえるところが大人気を呼んだ要因のひとつだろう。

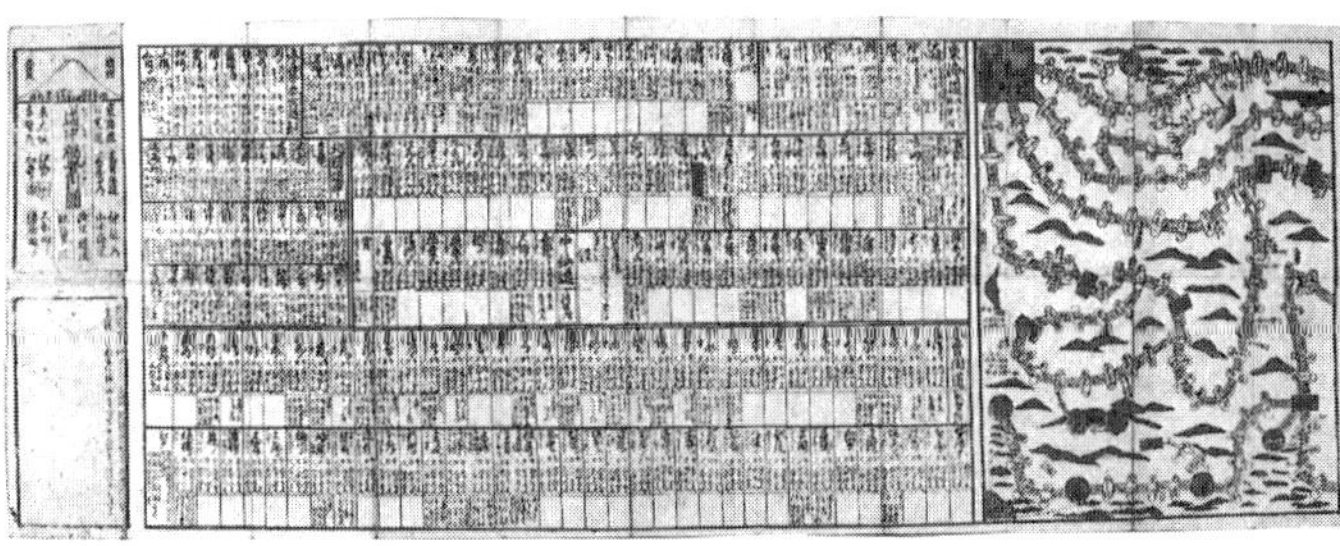

寛政の『諸国案見道中独案内図』

机上で楽しむ道中記

道中記は旅先で持ち歩けるものが基本だが、目で楽しむ、居ながらにして旅行気分を味わえる類のものもある。江戸中期には、実用本位の道中記とは別に、絵画と説明文を一体化したものも次々と出版された。

『東海道安見絵図』（一七三三）は、街道や宿駅の名所・旧跡、里程、駄賃などの説明文と絵画が一体となって描写された初期のものである。『中国九州西国筋道中記』（一七四八）などが同タイプの道中記として引き継がれていく。完全に説明文と絵画を切り離したものには、宝暦九年（一七五九）刊の『日本輿地新増行程記』などがある。これらの案内記を、さらに立体的に描き、説明文も記したのが、元禄三年（一六九〇）刊の遠近道印《おちこちどういん》と浮世絵師菱川師宣による『東海道分間絵図』である。

江戸初期、寛永から寛文（一六二四〜七三）にかけては何種類もの『東海道名所屛風』がつくられた。これらは絵巻や一双の屛風や襖などに里程・山野・河川などを描き、東海道全体の風物を描いたものだが、正確さに欠け、構造的にも無理があった。

『東海道分間絵図』は、こうした屛風や絵巻物の形式にヒントを得て、長い行程の街道図を正確に縮小し折本形式（折本五帖）にして扱いやすくしたものである。一丁（一〇九メートル）を三分（九ミリ）に縮小し、日本橋から京の三条大橋までの距離を正確に割り出したルートマップで、街道を中心にして、左右に景色・町並・旅人の姿・名所・旧跡・山川・一里塚の榎の数などが、立体的に詳細に描かれている。持ち運ぶには大きすぎるが、旅に出る前にルートを正確に把握できるという面では画期的なものだったといえよう。

さらに宝暦二年（一七五二）には、一丁を一分（三ミリ）に縮小した『新板東海道分間絵図』が出版された。これは元禄のものに比べて三分の一という大きさで、携帯も可能となったためか、安永頃まで再版を重ねるロングセラーとなったのである。

十八世紀末期には出版界が大量化の時代に入り滑稽本や人情本などでベストセラーの本が次々に誕生するが、この時期浮世絵も新たな局面を迎えていた。墨摺り手彩色から色刷り二、三色の時代を経て、多色刷でしかも安価な錦絵が生まれ、出版文化のなかで黄金期を迎えたのである。「錦絵」は明和二年（一七六五）の絵暦交換会から生み出された。その名の由来は、その色彩の華やかさが中国から輸入された蜀江錦に譬えられたことによるという。

こうしたなかで江戸後期には、葛飾北斎や歌川広重が風景画という浮世絵の新境地を開くことに成功する。葛飾北斎は天保二年（一八三一）頃より風景版画『富嶽三十六景』の記念碑的シリーズを刊行し、人気を博した。そのほか天保年間には『千絵の海』『諸国滝廻り』などの秀作も出版している。

歌川広重は天保二年頃『東都名所』のシリーズを出し同四年頃の保永堂版『東海道五拾三次』で浮世絵師としての地位を確立した。これは広重が二年前に東海道を旅行した際の見聞をもとにした風景画シリーズで、五十三の宿場に始点の日本橋と終点の京都を加えた五十五枚の揃い物の大判錦絵である。自然描写と旅情を誘う風景画は旅ブームの中で大ヒットし、隷書版、行書版、中判、小判など、さまざまなバリエーションが生まれ、多くの類似シリーズが出された。広重はほかにも『京都名所』『近江八景』『木曽街道六拾九次』などの道中ものや、『江戸近郊八景』をはじめ数多く江戸名所図を複数の版元から出版した。六十歳の頃には『名所江戸百景』で写生の新境地を発揮し、雪月花三部作の傑作を発表し名所ブームの一役を担ったのである。

多色刷りの発達により流行したものには「道中双六」がある。道中双六は絵双六のひとつとして発達した。絵双六の起源ははっきりしないが江戸時代の元禄期頃と推定されている。はじめは和紙に墨一色の木版刷りだったが版画技術の発達とともに次第に美しい色彩が施されていき、江戸後期に錦絵風のものが現れると、道中双六が人気を呼んだ。

道中双六は大人から子どもまで楽しめる娯楽的要素があるのが特徴である。街道や宿場の風景、名物、往来する人々の風俗などが描かれていて居ながらにして旅行気分を味わえる案内図といえよう。道中双六には東海道ものが多い。はじめは東海道五十三次を江戸から京へと上る単純なものだったが、次第に各地の名所・旧跡を案内する複雑な名所案内双六も現れるなど、次々に傑作が生み出されたのである。

第六節　江戸のガイドブック

江戸名所の誕生

江戸は元禄期から享保期にかけて武家人口約五〇万、町人人口五〇万、合わせて一〇〇万人の大都市となり、大江戸と呼ばれるようになる。大江戸とは都市江戸を称えたことばで、十八世紀後半から使われはじめ、出版文化が盛んになる文化・文政期には一般化した。

十八世紀後半といえば、江戸の社会構造や住民意識に大きな変化が生じた時期である。ひとつには地理的に拡大し人口が増えたことで、文字どおり「大江戸」と呼ばれるにふさわしい大都市となったことである。同時に大消費都市としての江戸の経済が大きく伸長し、それまで上方中心だった資本に対抗して江戸資本が形成された時期でもあった。江戸の地廻り経済が発達したため、江戸に生まれ育った商人のなかにも裕福なものが現れ、経済的にも大江戸と自負する基盤が築かれたのである。

こうしたなかで、これまで上方文化に圧倒されていた江戸文化が、全国的な文化センターとしての役割を担うようになり、独自の江戸町人文化を開花させることになった。このようにして大江戸が成立すると、江戸風が全国に伝えられるという、これまでとは反対の現象が起こるようになった。西の京都に対して、東の江戸「東都」ということばも生まれ、文化・文政期に入ると、東都江戸はさらに大きく開花したのである。近代前期の元禄文化が上方中心の文化であったのに対して、上方から江戸への文化移動があった近世後期の化政文化が江戸文化と呼ばれる所以である。

江戸が文化の中心になると、地方から江戸を見物に来る人も増え、「江戸名所」を案内する本も数多く出版されるようになった。名所とは、本来的には「ナドコロ」といった。中世末までは、和歌の歌枕に詠まれた特に名の立った地、名高い所を指したことばで多くは歌詠みたちの知識・教養としての場所であり、歌のなかで完結する世界だった。そのため、近世以前の人にとって歌に詠まれたナドコロは、文学、故事、神話、伝説の地といった名所・旧跡が中心だったのである。

だが、近世以前に江戸を訪れる歌人は少なく、江戸には歌枕に詠まれるようなナドコロもわずかしか存在しなかった。江戸の新しい名所が確立するのは、明暦の大火（一六五七）の後、新しい江戸の町づくりが進められてからで、この頃から江戸見物の人も多くなる。

享保から延享にかけて（一七一六〜四八）は江戸市中に人為的な名所が多くつくられた時期だった。たとえば品川の御殿山もそのひとつである。御殿山とは北品川の台地を総称した呼び名で、江戸時代のはじめに将軍の休息所を設けたことからその名がついたといわれる。三代将軍家光が鷹狩りを楽しんだ地だが、八代将軍吉宗が江戸市民の行楽地に変え、桜の木を植えたことで桜の名所となった。また桃の名所となる桃園春興も、かつて五代将軍綱吉の時代には数万匹の犬を収容した広場だった。吉宗はこの跡地に紅白の桃を植え、花見の一大観光地に仕立てあげたのである。

そのほか上野、小金井、飛鳥山、隅田川、谷中日暮里にも桜が植えられ、桜の名所となった。また根津権現社をはじめとする有名な神社仏閣にも桜が植えられ、季節には花見と参詣客で賑わった。江戸市民が四季を楽しむための行楽地の多くはこのように人為的につくられたものが多かったのである。

一方、江戸の神社や寺院は台地のほとりや台地の上に設けられることが多かったため、景観に優れていた。上野台地、本郷台地、麴町台地、麻布台地、品川台地など、江戸の山辺に位置する神社や寺院は景観の地にあったため、物見遊山には格好の空間になりえた。神社や寺院には、祭礼や縁日や開帳のたびに、厄除けや病気治癒、商売繁盛を祈願する人たちが大勢集まったが、これらの神社や寺院が景勝の地にあったため、江戸庶民にとっては、神社や寺院に出かけることが気晴らしとなり、やがて物見遊山の性格を帯びてくるのである。

　こうして江戸の山辺にも四季の景観を味わえる雪月花に代表される名所が数多く生み出された。なかでも上野の寛永寺周辺には名所が集中していた。現在の上野公園の真ん中にある上野清水堂から不忍池を望む風景は広重の『名所江戸百景』にも描かれているが、不忍池に降りかかる雪見の名所であり、江戸第一の桜の名所だったのである。

江戸のガイドブック

　江戸くだりの旅人や、江戸見物人のために編まれたものは、『竹斎』や『あづまめぐり』（『色音論』）など、まず仮名草子の中に登場する。元和元年（一六一五）に出版された『竹斎』は京都に住む藪医者の竹斎が従者を引き連れて名所を見物しながら東海道を下り、新興都市江戸を見物する。『あづまめぐり』は奥州しのぶの里の者が奥州街道を通って江戸に入り名所を巡るというものでガイドブックとはいえないが、江戸の名所を意識した作品になっている。

　江戸のガイドブックの初期の代表作とされるのが、寛文二年（一六六二）刊行の浅井了意『江戸名所記』である。はじめに武蔵国の沿革概略が記され、全部で八〇カ所の名所が紹介されている。江戸城・日本橋など江戸を代表する名所の説明があり、おもに神社・仏閣を中心に名所めぐりの形をとりながら、景観・沿革・伝記などを列記している。第四巻には、禰宜町浄瑠璃・歌舞伎、第七巻には傾城町吉原の項があり、これらが江戸の新しい名所になりつつあったことがうかがえる。

『江戸名所記』は、中世的な歌枕のナドコロ的要素を残しながら、見物人のために「見て楽しみ、訪れて楽しむところ」としての新しい名所を紹介した画期的なものである。そしてこの頃から名所の概念も、遊楽のために訪れる場所という意味に変化していくのである。

江戸を紹介したガイドブックは時代が下るとより実用性をおびたものが登場してくる。『江戸雀』（一六七七）は、菱川師宣の挿絵入りの地誌書として注目される。第一巻の江戸城から、一一巻、一二巻の本庄（本所）まで江戸の町を大まかに方角別に分け項目を立てて詳細に道順を記し、名所・旧跡については現状と沿革の大要を記している。巻末には大名屋敷・町・橋・寺社総数や里程表が付された実用書である。

『江戸砂子《すなご》』（一七三二）はこの流れをくむもので、江戸城およびその周辺（巻一）以下六巻まで、江戸の名所の紹介とともに、各地域ごとの地図が豊富に紹介されているのが特徴的である。江戸地誌として多くの人に読ま

浅井了意『江戸名所記』より浄瑠璃小屋前の図

れ、その後『続江戸砂子』（一七三五）も出版された。享保十八年（一七三三）には、豊島治佐衛門の画と俳諧による『江戸名物鹿子《かのこ》』など、バラエティ豊かな案内書が次々と刊行された。

一方、江戸の名所を地域別ではなく、自然の風物で分類した案内書も登場する。『紫の一本《ひともと》』（一六八三・写本・戸田茂睡著）は、浅草に住む歌人と四谷に住む詩人が詩歌を詠むために江戸市内を訪れる設定で、巻中には当代の歌人の和歌が収められている。名所は城、山、坂、谷、窪、川、島、堀、池、井、橋、渡し、船、野、小路、塚、馬場、花、郭公、月、紅葉、雪、祭、時の鐘に分類されている。

この形式は『江戸鹿子』（一六八七）などに引き継がれていく。『江戸鹿子』も名所案内は地域別ではなく、坂、堀、池、滝、井、水、木、山、石、谷、川、原、岡、台、森、橋、時の鐘、渡し、淵、野、沖、磯、島、堤、馬場、的場、塚と自然風物で分類している。

元禄三年（一六九〇）刊の増補版『江戸惣鹿子名所大全』には、江戸八景（隅田夜雨・忍岡秋月・増上晩鐘・鉄州帰帆・浅草晴嵐・愛宕夕照・富士暮雪・目黒落雁）が載っている。これは中国の瀟湘八景を模したものである。中国湖南省の洞庭湖の南、瀟水と湖水が合流して洞庭湖に注ぐあたりは瀟湘と呼ばれ早くから景勝地として知られ、詩や画の題材に取り上げられていた。近江八景や金沢八景なども瀟湘八景にならったものである。

江戸に名所が増えていくにつれて、風景として名所をとらえることも多くなった。『武州州学十二景』『江戸名所四十八景』『名所図五十景』『名所江戸百景』などと、時代が下るにつれて風景として語られる名所の数も増えていくのである。

十八世紀後半になると「名所図会」ブームが起こる。従来の記述が中心で絵は挿絵というパターンに対して図版を重視したものが登場し、人気を博したのである。

ブームに火をつけたのは、安永九年（一七八〇）秋里籬島が京都の最初の名所図会として制作した『都名所図会』である。写実性の高い浮絵《うきえ》は庶民の脚光を浴び、たちまちベストセラーとなり、天明七年（一七八七）には『都名所図会拾遺』が続刊された。この快挙は諸国にも大きな影響を与え、『大和名所図会』『摂津名所図会』など、名所図会シリーズが続々と刊行された。

江戸においても、天保年間に『江戸名所図会』が刊行された。これは斉藤幸雄（長秋）、幸孝（県麻呂）、幸成（月岑）父子三代にわたって編まれた大作で、天保五年（一八三四）に三巻一〇冊が、同七年に四巻一〇冊が刊行された。神社・仏

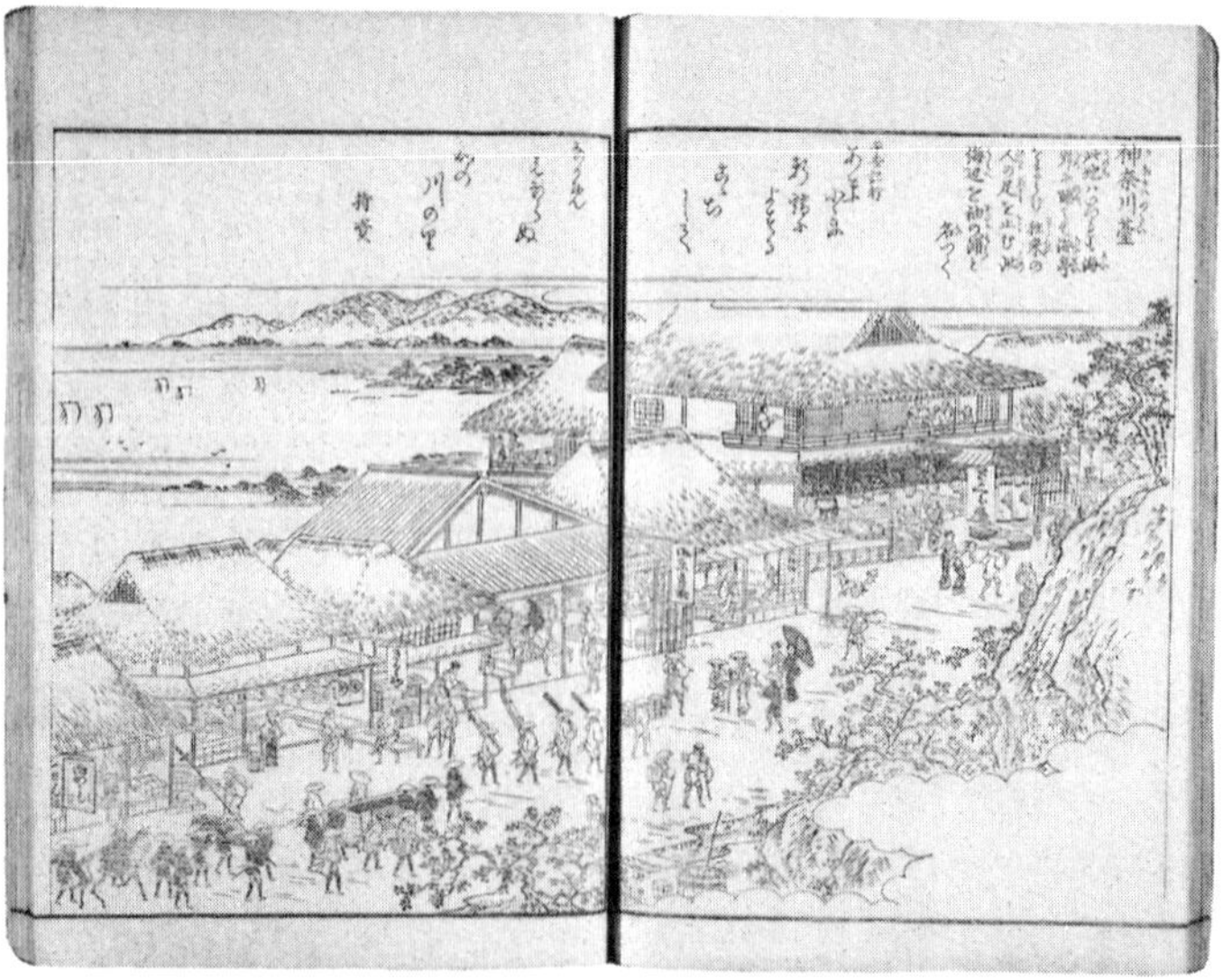

『江戸名所図会』より「神奈川台」図

閣・名所・旧跡を紹介した記事はすべて実地調査にもとづくもので信頼性が高く、長谷川宗秀（雪旦）の写生による精密な描写は、当時の景観や風俗を的確に捉えており、絵で見る案内書の集大成ともいえるものである。

　また『江戸名所図会』は、江戸市中だけでなく、江戸近郊の行楽地までが網羅されていることが大きな特徴である。西は多摩の府中・日野、北は浦和・大宮、東は市川・船橋あたりまでを紹介しており、武蔵国名所案内ともいえる内容となっている。そのため、地方の人だけでなく、江戸庶民にも大いに受け広く読まれた。江戸後期になると、江戸庶民は市中だけでは飽き足らず、近郊の行楽地に盛んに出かけるようになるのである。

第二章　江戸庶民と大山詣

江戸近郊の寺社には、相州大山・武州御嶽・川崎大師・江ノ島・鎌倉・成田山などがあったが、霊山として江戸庶民に最も人気があったのは、相州大山であった。伊勢参りや富士参詣など遠くへ出かけるのは日数も費用もかかるため、もっと気軽に参詣ができて旅の楽しみも味わえる霊山や寺社が身近な場所に求められたのである。

大山は相模国伊勢原にある神仏混淆の山で、明治元年の神仏分離令までは雨降山大山寺（ウコウサンまたはアフリサン・オオヤマデラ）と呼ばれた（廃仏毀釈後は末寺の来迎院に移され、現在ではアフリサンタイサンジと称している）。江戸からは一八里で、二〜三泊で帰れる手ごろな距離にあった。そのため脇往還が整えられなど交通網が整備されると、江戸庶民にとって絶好の霊山として信仰を集めるようになり、町人を中心に盛んに大山詣が行われるようになった。最盛期の宝暦年間には年間二〇万人が参詣したという。

第一節　大山の歴史

雨降山、名前の由来

大山は地元の農民たちからは雨降山または阿夫利山とも呼ばれ、昔から雨乞いに霊験のある山として信仰されてきた。また中世には相模国御岳といわれ、修験者の道場の拠点だった。

『新編相模国風土記稿』には、あふり山の由来について「頂上には常に雲や霧が深くややもすれば大いに雲が起こりたちまち雨を降らす。この雨は山中だけで他には及ばないため、土民は私雨と呼んでおり、雨降り山の名前はこれに起因している」とある。ほかにも、祖霊をはふり（葬送の祭）している山の「はふり」が「あふり」になったという説。アイヌ語のアヌプリ（偉大なる山の意）から転化して「あふり」または「あぶり」になったという説。また「あふり」あるいは「あぶり」は原始宗教における神の所為としての「あらぶる」が転じたという説もある。

古代においては、神霊の鎮まる山岳を里から拝し、その守護を祈るという形が一般的であり、大山も古くから山岳信仰の山としての特徴を持っていた。

大山は丹沢山地の一雄峰で海抜一二五二メートル。前方に遮る山はなく、正三角形に近い秀麗な山容は相模・武蔵・安房・上総からその姿を見ることができた。漁師たちも相模湾の沖合からはっきりと先峰を望むことができたため、大山を目印に漁場を探したり航路を決定したのであり、信仰の対象ともしていたのである。

山岳信仰は古来からあったが、大山が広く庶民に知られるようになるのは江戸時代からである。大山信仰の諸相は川柳をはじめ文芸作品にも数多く見られるようになり、「大山詣り」という落語まで生みだされた。近世の大山信仰を支えたものは、ひとつは御師の存在と活動であり、もうひとつは大山講の存在である。

相州大山興亡の歴史

大山は慶長十年（一六〇五）に徳川家康により大改革が行われるまで、時代の権力と結び幾たびかの興亡を繰り返してきた。大山の伝承を語るものに『大山寺縁起』がある。『大山寺縁起』には漢文で記された真名本と、絵を添えて本文を仮名で記した絵巻との二系統がある。内容は大山が広く聖地と認められ、不動明王を祀りはじめたいわれを記したもので、作成されたのは中世頃と考えられている。

伝承によれば、大山は天平勝宝四年（七五二）に東大寺別当の良弁僧正が登頂し開山したとされる。僧正は天平勝宝七年には開創した寺を勅願寺とし、大山寺と名付け頂上を阿夫利神社とした。頂上には巨大な自然石があり、これは昔から石尊大権現として「石尊様」と呼ばれ、民衆の信仰を集めていた御神体だった。『大山縁起』によると主神は山体の霊力の神格化された大山祇命《おおやまずみのみこと》で、大山という山名は山頂にこれを祀るところから起こった名であるという。脇神は風雨雷電を司どる大雷神《おおいかづちのかみ》と、水を司どる高龗神《たかあがみのかみ》である。

『延喜式』神名帳の延喜五年（九〇五）には、頂上の御神体である石尊を祀る社が「阿夫利神社」の名で式内社に入っている。これが文献としての最初の登場である。平安時代の神仏習合の風潮を受けて、この頃にはすでに大山の寺社では山頂の石尊社には神を祀り、中腹の不動堂には仏を祀り、僧侶、神宮、修験者が寺社の運営にあたるという神仏混淆の形がとられていたのである。

鎌倉時代に入ると大山寺は、東麓にある日向薬師（霊山寺）とともに源頼朝の崇敬を受けるようになる。鎌倉時代の『吾妻鏡』の元暦元年（一一八四）には九月十七日に源頼朝が相模国大山寺に、田五丁・畠八丁の所領を寄進したことが記されている。

源頼朝は鎌倉に幕府を開き諸制度を刷新し地盤を固めていくが、阿夫利の大神を信仰し寺領を寄進したり、法要を営ませたりしている。建久三年（一一九二）には後白河法皇追善の供養に、大山寺からも三人の僧侶が出向いていることから大山寺は相模国のなかで一目置かれる

不動明王を祀る良弁（『大山寺縁起』より。平塚市立博物館蔵）

社寺のひとつであったといえよう。同年には北条政子が日向薬師とともに大山寺にも安産祈願のための神馬奉納を行っている。日向薬師には頼朝や政子自らが参詣に訪れており、大山一帯を聖地とみなしていた様子がうかがえる

北条執権時代は承久の乱などの影響で大山は一時さびれるが、文永年間（一二六四〜七五）には京の泉涌寺の山主願行上人が再興を図る。

願行上人は荒廃した大山寺を目の当たりにすると、再興の悲願をたて、江ノ島の弁天洞窟に籠り、浄財を集めた。これにより本堂の本尊不動明王像を大きな立派なものに造り替えることができた。新しい不動明王は参詣者の信仰を集め、大山は不動明王の一大霊地と目されるようになった。昔日の隆盛を取り戻すことに成功したのである。

上人は大山の中腹に「大勧進」という御坊をつくり、ここを本拠に大山寺の復興に努めた。大山寺に奉仕する僧侶や修験者たちもこれに力を得て、信者に除災、招福の不動明の護摩札を配って歩いた。願行上人の住んでいた大勧進には清僧がいて石尊への奉仕活動をしながら、遠近の信者に不動尊の護摩札を配り信者の施しで生活をたてていた。修験者も所轄の地域に信者と檀那場をもち、霊場に居住しながら周辺の土地に不動尊に対する信仰を広める活動を行っていた。ここには後世御師の配札の原型をみることができるのである。

南北朝時代には、大山は武士の権力の影響を強く受けるようになる。足利尊氏の信任のあつかった佐藤忠信の後裔、佐藤中務桂祥が大山寺の別当となり、神職と修験を兼ねた形で全山を統轄していく。足利尊

氏も大山寺に対して頻繁に伽藍の修復や寺領の寄進などをしている。当時まだ鎌倉にいた尊氏は文和二年（一三五三）に天下安泰の祈禱を大山寺に命じたり、凶徒退治祈禱のために大般若経の転読を命じているのである。

一方、大山の神職や修験者たちは祭事を行うとともに常に武力を磨き剣を学んでいたため、その武力は侮れないものがあった。小田原北条氏の時代になると、修験者たちの武力はさらに強大なものとなり、戦力となるほどに成長していた。そのため北条氏は大山の修験者たちに対して親和政策をとり、伽藍の造営や寺領を寄進している。また一山を天台宗本山派に改宗するとともに、修験者の戦闘集団化を図ったのである。

天正十八年（一五九〇）秀吉は小田原の北条氏直を攻めるが、このとき氏直の要請で箱根峠から三島へ向って六キロほど下った山中城まで加勢に出向いたのが大山の修験者たちであった。この合戦は秀吉の小田原攻囲戦最大の激戦といわれている。加勢のかいなく山中城は落城するが、城将北条氏勝一族と大山の修験者たちは落城の前夜ひそかに抜け出し落ちのびたという。これらのエピソードをみても、中世までの修験者の武力がいかに脅威的であったかがわかるであろう。

家康の宗教政策

近世に入り、徳川家康は修験道法度を定め、修験者が各地を遊行することを禁じ地域に定住させようとした。そのため教団としての修験道は姿を消したが、近世以降、修験道は民間の山岳信仰と習合する形で存在し続けた。とくに近世においては、修験者が庶民の現世利益的要求に応えて呪術宗教的な活動を行ったため、民衆の間に深く浸透していったのである。

家康にとって、武力集団と化し北条氏に味方をした相州大山の修験者たちは危険な存在であった。慶長十年（一六〇五）家康は大山へ登り大山寺の来歴を聞くと、即日神職や修験者たちに対して下山を命じ、大山が清僧の地であることを宣言した。そして罪の軽い者には山麓の居住を許したが罪の重いものは麓に退却させた。「慶長の山内改革」といわれる大改革のはじまりである。その目的は修験者たちの抗戦を罰しただけでなく、彼らの武力的勢力の温存をおそれ分散させ削減することにあった。

この年、高野山遍照光院頼慶の推挙により、平塚八幡宮別当寺、成事智院実雄（法印実雄）が大山寺に入り学頭となり、別当八大坊の住持となった。一山は古義真言宗当山派に改宗し、本山も正式に古義真言宗高野山末寺となり、また石尊権現も大山寺別当八大坊の支配下となったのである。

慶長十三年（一六〇八）十月には碩学領五七石を寄進し、慶長十四年（一六〇九）大山寺に対して寺院法度三ヶ条を出している。そのおもな内容は、

①前不動堂より山上は、清僧（家康によって認められた八大坊と十一坊の出家僧侶たち）の結界地であること。

②山上の住居は清僧が利用するため、妻帯の僧侶や俗人や山伏は不動堂より下へおりて生活すること。

③十二坊（八大坊と供僧十一坊の総称）がこれまで所持していた檀家・山林や土地の所有権・諸堂からあがる賽銭はひとつ残らず清僧の管理下に置くこと。

このように十二坊の管理がすべて清僧にゆだねられたことで、家康が懸念していた中世的戦闘集団としての修験僧たちは大山寺から追放されることになり、別当寺の大山寺は清僧を中心とした戒律道場・学問道場に生まれ変わることになったのである。その後、家康は大山寺の経済的基盤を強力にするため、翌慶長十五年には大山寺に対して一〇〇万石の寺領を加増している。

江戸時代の相州大山は山頂の本社には石尊大権現を祀り、中腹には雨降山大山寺があり、不動堂を中心に別当八大坊・供僧十一坊・脇坊そのほかが建ち並ぶ一山の総社となった。幕府の大山寺に対する統制は江戸初期に整えられ、ほぼこの体制のまま、江戸末期まで続くことになる。

大山寺は徳川家の祈禱所となり、初期には春日局が大坂夏の陣の戦勝祈願、三代将軍家光の将軍世襲祈願などにたびたび参詣し深く信仰したことでも知られている。寛永十八年（一六四一）には家光が金一万両を寄進し、幕府御大工の木原義久が大山寺の伽藍群と石尊諸社の神殿を造営するなど、その後も大山寺は幕府から手厚い庇護を受け続けたのである。

第二節　大山講

御師の誕生と大山講の成立

一方、麓におろされた山伏や僧や俗人たちと、大山寺の間にも大きな変革が起こっていた。家康によって山内改革が行われた同じ慶長十四年（一六〇九）に、高野山の遍照光院の僧頼慶により宗教的な側面からの「大山寺法度」が発布された。そのなかのひとつに大山寺と宗教者たちの間での取次に関する次のような法令が言い渡された。

「一、本尊御供所之取次、清僧坊之外不可妻帯之手伝事」

これは、本尊である大山不動尊の御供所への取次は、清僧を通して行い、妻帯した者の手伝いを許さないというものである。妻帯とは大山寺の前不動から下山を命じられた宗教者たちのことである。それまでは信者からの供物の取次は清僧、妻帯者の区別なく行われていたと推されるが、これ以降取次は清僧の独占となったのである。

元禄期に入ると参詣者の増加とともに頻繁に発生した檀家の奪い合いという問題に対処するために、取次は「山法」という形で成文化された。これにより、宗教者たち（後の大山の御師）は十二坊のいずれかの傘下に組み込まれることになった。

十二坊の側からすると、本尊への取次を独占し傘下に御師を再編成することで、宗教者たちがこれまで所持していた檀家を間接的にその支配下におさめることができるようになったというわけである。その結果、御師の宗教者としての活動範囲はきわめて限定されることになり、媒介的な宗教者としての立場を余儀なくされることになったのである。彼らは新たな経済的基盤を確立するために、民衆普及に活路を見いだし、檀家を強力につなぎとめるために講集団の形成に力を注ぐようになっていく。

では中世以来の修験者たちは、いつ頃から「御師《おし》」と呼ばれ民衆を講集団に引き入れ大山講を組織したのか。その開始時期は明らかではないが、さまざまな文献をみると一六〇〇年中頃からゆるやかな関係が築かれていったようである。

御師とは、寺社に所属して信者の祈禱を代行し、参詣の便宜などを図る宗教者のことで、熊野をはじめ大社にみられるが、伊勢が特に名高い。伊勢の場合は「おんし」と呼び、毎年決まった時期に各々の持ち場の地域を巡りお札や伊勢暦、土産物を配布していた。

大山の御師の起こりは、大山の歴史で概観したように、淵源は室町時代までさかのぼることができる。だが御師として定着したのは江戸時代に入ってからであり、時代的には檀家制度の成立過程時期にあたると思われる。

滝にうたれる参詣者
（葛飾北斎「相州大山ろうべんの滝」）

檀家制度が確立するのは元禄十三年（一七〇〇）前後だが、一六六〇年頃からは近世の村落でも檀家制度が形成されつつあった。檀家制度により民衆の葬祭寺は確立されるものの、民衆にとって檀那寺は寺請という形式的な関係にすぎないため、信仰は別のところに求めるようになっていたのである。この時期に大山の御師たちは近隣の村落に入り込み、民衆の現世利益的要求や、祈禱信仰的な要求に巧みに応えていったものと考えられる。

大山講が組織された時期については、寛文五年（一六六五）八月「永代ニ売渡申旦那之事」（伊勢原市大山、内海千秋氏蔵）で御師佐藤蔵人が、武蔵国橘樹郡鶴見村・小机村など十二カ村に存在する四七〇軒の大山講の檀那を、御師内海次郎右衛門に金二二両で売り渡していることから、この頃には大山講が確立していたことがうかがえる。

諸国からやってきた参詣人は御師の家で草鞋を脱ぎお祓いを受けて旅の汚れを落とした。登拝の際は垢離《こり》場へ行き滝にうたれ罪障をざんげし、浄身となって山へ登る習俗があった。これが例年のこととなり、参詣人は各々の御師と一定の関係を結ぶようになり、御師の家を宿舎とするようになっていったのである。御師は頼まれれば護摩・祈禱・太々神楽などの斡旋をしたり御山の先導もするようになり、やがて各々諸国の参詣人を分担し勢力範囲を定めていった。そして「講」の結成を促し、自己の勢力圏を拡大しながら、大山信仰の浸透に力を注いだのである。

御師の活動と大山講の発展

大山講ははじめは大山南麓の農耕地帯に起こるが、江戸幕府の政治的援護と御師たちの布教活動により、やがて関東一円にまで発展していった。

特定の御師の檀廻地域や檀家を記したものが檀廻帳で、それぞれの檀廻帳を集大成したものが明治初年に編纂された『開導記』である。明治初年の神仏分離により、神仏混淆の大山信仰は解体し、御師は先導師と称されるようになる。だが、『開導記』からは江戸後期から幕末にかけての講の実態をみることができる。『開導記』によると、信者のいる地域は関東一円から静岡・群馬・山梨・新潟にも及んでおり、講数は一万五七〇〇余り、檀家数は七〇万四七〇〇余りとなっている。

では、御師たちはどのような活動を行い、どこから収入を得ていたのだろうか。具体的にみていくことにしよう。

大山御師の活動のひとつには、配札がある。御師はカスミともいわれる檀那場を持っており、檀那場内にある家を檀家とか、檀那といった。御師は各地域の特定の檀家を歩き廻って配札し、若干の志を集めた。これがいわゆる檀廻《だんまわ》りである。

出発前には必ず八大坊に届け出て、必要枚数の御札を受け、単身または従者（下僕）を連れていった。帰山後は八大坊に報告しいくらかのお布施を献上することが義務づけられていた。おもな檀廻りの季節は収穫後のお日待ちのころ、十二月上・下旬、正月・二月・三月の農閑期である。各坊では、所属の檀家圏を地域別に区分し、各地域を一週間から二〇日間くらいで一巡できるように計画し、毎年諸地域を定期的に檀廻りするのが年中行事となっていた。壇廻りは年に一度というのが一般的だが、大山御師の檀家圏によっては、年に二〜四度壇廻りする場合もあった。

御師の家には代々の講社台帳があり、自分の廻って歩く町村や集落の名前が記してあった。これにより、御師たちは自分の檀那場がどこであるか、村に入ったらどこに泊まるか、寺社の発行する神札を何枚持っていけばよいかが一目瞭然にわかるようになっていた。檀廻りにあたって御師はさまざまな土産物を仕入れたため台帳には大山の土産物の数や品種も記載されている。

村山家文書の安政六年（一八五九）四月以降の万仕入帳から、御師の服装や持ち物や仕入れた商品などをみてみよう。

御師が必ず持参するものとしては、壇家帳並びに収納帳、祝詞本、御札、社務所への届旅行証、土産物、認印、配り盃、雨具、両掛、提灯となっている。衣類は羽織、袴、上着、下着類、股引、脚絆、帯類、わらじ掛、下駄並びに足袋など。手道具はハナ紙、手拭、煙草入、財布、天立、時計、帷子、ゑり巻、扇、半ケチとある。

この時の檀廻り予定は約二〇〇軒で、江戸仕入控に記されたものは次の通りである。奉書札四枚、奉書代三二枚、守一〇枚、山椒一斗、山椒袋二〇〇枚、箸四〇〇ぜん、箸袋二〇〇枚、茶ほうじ一三〇本、うちわ四〇本、御供二〇〇包。

一方、葛西（南葛飾郡方面）の仕入控は、大札、小札、薬、杓子、はし、絵、吸物わん、手掛、盃、かますたばこ入れ、うちわとなっており、檀家や地域によって配る物が異なっていたことがわかる。

御師は檀那の家を根拠地にして付近の村々を廻り、神札や土産物を配って歩いた。御師にとって講をいかに組織し、自分のところに引きつけておくかは、生活を維持していくためにも重要なことであった。そのため、まだ組織されていない町村に入り込み、講員でない人々を大山講に加入させたり、以後それらの人々との密接な関係を保ち続けるためのたゆまない努力が重ねられたのである。

先述のように御師たちの檀廻りの範囲は広範囲で、相模・武蔵・伊豆（静岡）など、関東一円をはじめとして一六カ国にわたっているが、伊豆領の島にも及んでいるのが注目される。伊豆領には八丈島・青ケ島・神津島・新島などが属していたが、当時流人の島といわれた八丈島へも渡り、普及活動をしていた御師もおり、江戸後期にはさらにその勢力範囲を広げていった。

伊豆諸島に講を持っていた御師真理谷金三郎が島々を巡る際に土産物の品種と訪問先を記した覚え書きによると、御札の種類は通常のもの以外に手紙御礼、牛主御礼、御影などがあり、土産物は大山特産の挽物の菓子器、たばこ入れ、盃、茶碗の蓋、箸などとなっている。そのほか、薬、モノサシ、扇子など、島では手に入らない珍しい物を土産にしている。当時大山の諸坊では薬も製造しており、大山でつくる眼薬は特効薬として喜ばれていたという。

一般講員向けには大札をはじめ、小判（模造）、薬、元結、杓子、箸などを配り、講元、泊り宿そのほか世話人に対しては木札、お守り、大山の特産物（氷豆腐やけやき製の木地盆、椀、茶台、杓子などの大山細工、茶、みかん、豆）、水産物（のり、こんぶ）などを配った。江戸からの買い入れ品（上菓子、扇子、うちわ、元結、手拭、茶碗）も携行しており、入念に準備を整えて出立していたことがわかる。

御師の檀廻りを機に講会が催されることもあった。御師は祝詞をあげたり、お経をよみ、諸行事の中心的役割を演じた。神札や土産物を配り、講員の機嫌をとることにも心を遣ったのである。

次に御師の収入源をみていこう。

第一には、檀廻りの際に返礼として渡される初穂がある。御師を迎えた村では御師を神聖視し、できるだけ鄭重にもてなし、返礼に御初穂料と称して米、農作物、お賽銭などを寄進した。各々の家から献じられた初穂は村の代表者などの家へ集められ、まとめて御師に渡された。初穂は一定量たまると換金され、一部は大山寺（坊中）へ納められ、残りは御師の収入となったのである。

第二は夏山季の坊入りによる収入で、これが御師たちのもっとも実入りの多い収入源であった。坊入りとは檀家圏（大山）の信者が大山参拝に登山し、坊（御師宅）に立ち寄ることをいう。信者は坊に初穂（米麦、銭など）を納めて配札を受け、宿泊のうえ、山頂でご来迎した。御師は檀家の講員を泊め食事でもてなし大山詣に先導した。いわば旅館の経営者と旅行案内人を兼ねていたのであり、自らの宿坊に宿泊させることで一定の収入を得ることができた。また講中の者も定宿をもつことで安心して大山詣をすることができたのである。

大山町村山坊の天保二年（一八三一）六月の『御祭礼中諸収納控帳』は、同年の夏山中（六月二十七〜七月十七日までの二一日間）における同坊の会計日誌である。天保二年に村山坊を訪れた人の組数、人数、宿坊に払ったお金などが克明に記載されている。このときの参拝講員グループの規模は、最少一人から最高一九人だが、一〜四人の組が全体の七五％を占めており、一人で登拝するものも三三組あった。村山坊の檀那場は相模国・下総・武蔵など広範囲に及んでいるが、江戸からの講中は神酒《みき》講中など団体による登拝が多かったことがわかる。

この収納控帳から収入をみると、坊入りと茶代が主な収入源となっている。坊入りは旅宿への宿泊代で、茶代はサービス料にあたるものと考えられる。坊入りは一人平均一泊三〇〇文、茶代は坊入りの一〇〜三〇％を払っており、一般の旅宿に比べるとかなり相場が高い。

宿坊では講集団が泊まった際には、山迎えのサービスをしており、それに対して出迎え人へのチップや番頭や女中への心付けなども渡されている。また、講集団からは一般的な参詣者にはみられない護摩料、御札料、御初穂、蠟燭代などが支払われているのが特徴的で、御札料に対して御師からは「のり入り配帙《ちつ》」、神酒講中に対しては「神酒札」を渡している。

夏山二一日間中の合計は八五七名（一日平均三九名）だが、講中は必ずしも宿泊するものばかりでなく、御札料と茶代を払い立ち寄りだけで帰るケースもみられる。

全般的にみて、講集団の金払いはよく、夏山登拝は宿坊の大きな収入源となっていたことがわかる。

第三節　大山参詣の諸相

富士山とセットの大山登拝

ところで、村山坊の天保二年（一八三一）六月の『御祭礼中諸収納控帳』には、登拝者の人数などのほかに「富士下向」「富士江掛越」の記載がみられる。「富士下向」とは富士山へ登拝した帰途に大山を訪れた場合で、「富士江掛越」とは、大山登拝を済ませたあとで富士山へ向けて出発する場合である。

二一日間に村山坊で宿泊した人のうち、富士下向のグループが七組、富士江掛越が二組、道了（道了尊）へ掛越が一組となっている。ほかに富士へ掛け越すつもりだったが予定の日が嵐のために延泊したうえ、今年は諦めて坊へ「富士参詣延年之祈禱料」を一〇〇文払っている組が一組ある。

江戸中期には関東一円に「片参り」を忌む風習が広まった。女神の木花開耶姫《このはなのさくや》を神体とする富士山に対して、大山の祭神は男神（大山祇神）である。富士講の人たちの間には、富士詣だけでは片参りになるため、大山に詣でるという人も多かった。富士山（女山・陰）と大山（男山・陽）の和合は民間信仰に起因するものと考えられるが、この二つの山を組合わせて同年あるいはその次の年に登拝するのがよいとされていた。一般的には富士山に詣でた後に大山を参詣するのがひとつのコースになっていたため富士下向の組が多い。

富士大山道のコースは、往きは甲州街道を西上して大月に至り、ここで甲州街道と分かれ、谷村を通って上吉田（現・富士吉田市）に南下する。富士山北口の上吉田で御師の家に一泊し、翌朝御師のお祓いを受けて登拝する。富士講は登り口へ下山するのを嫌う風習があったため、帰路は富士吉田には戻らずに須走に下った。須走からは御殿場に出て、竹の下、矢倉沢の関所を通り関本に出て大山へ登拝したのである。

富士講が行う信仰行事のひとつに毎年一回行われる富士登山がある。六月一日から七月二十六日までの富士山の開山期に講中が登山し、富士山（仙元大菩薩）に参詣して講中の無事息災を祈願した。この富士登山の時期と大山夏山開きの時期が重なっているため、この時期には富士講の人も多かったと考えられる。富士講の人は一般的には後述する蓑毛ルートを利用したが、江戸後期には登拝者も増えたため、収容規模の大きい大山町の坊へも流れ込んだものと思われる。

寛政七年（一七九五）の『石尊宮祭礼覚』には関宿領柏寺村の五人のうち、二人は大山の後富士山へ、三人は江ノ島へ行っている記録がみられることから、この頃には富士山の代わりに江ノ島を選ぶものも多かったことがわかる。江戸の大山講にも両参りの風習があったが、江戸から富士山までは遠いので、富士山と同じ女性の神である江ノ島弁財天に詣でて両参りをすることが一般化していくのである。

宿坊と門前町の発展

下山を命じられた修験者の大部分は大山町（現在の門前町）と蓑毛（秦野旧門前町）に定住したが、宿坊がにぎわうことで、この二カ所の門前町も活気づいていった。大山町と蓑毛は霊山への二つの登山口に発達した集落である。

『新編相模国風土記稿』によれば江戸後期の大山には御師一六六軒が存在し、そのうち一四九軒が坂本にあった。坂本は地元では大山町と呼ば

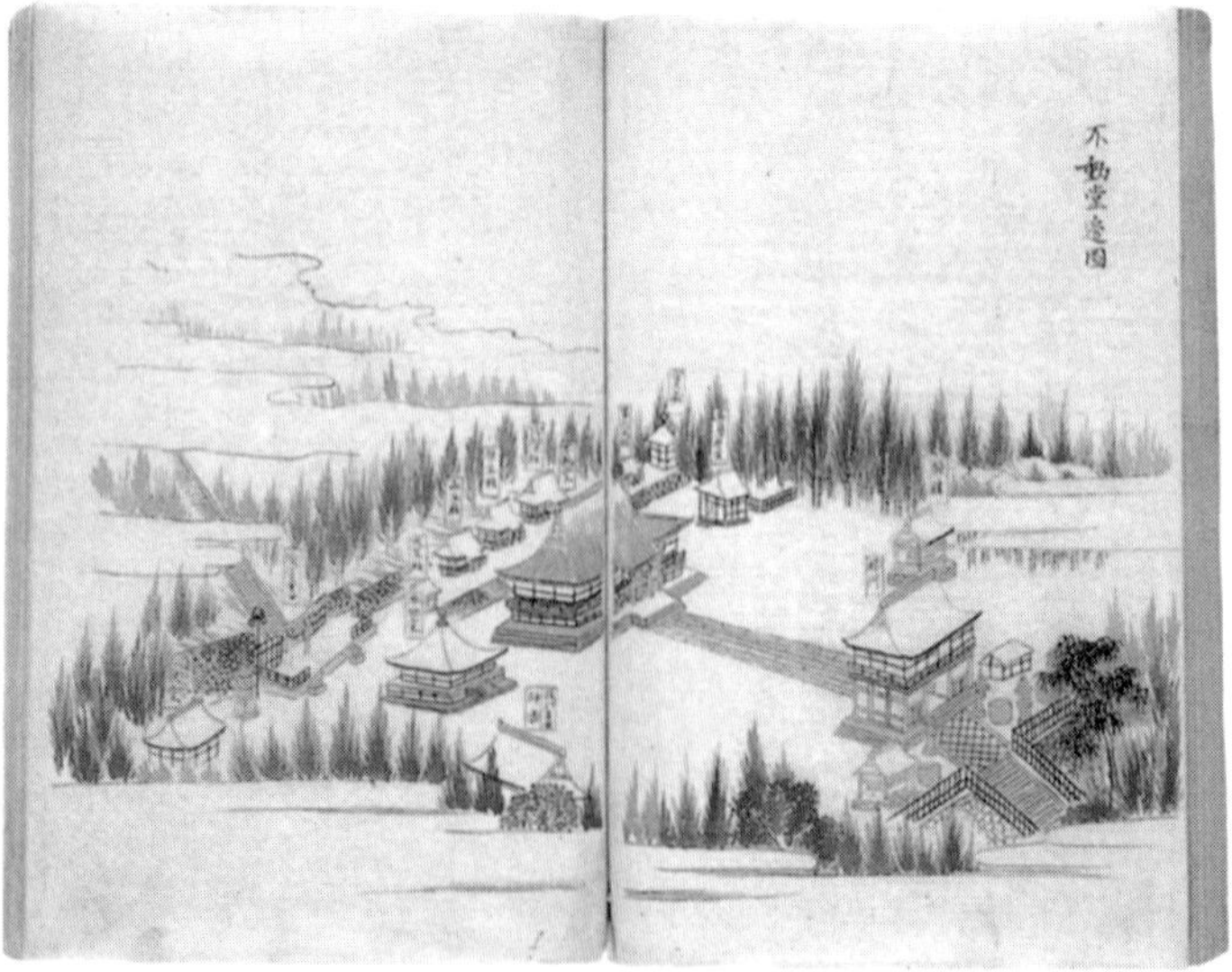

『新編相模国風土記稿』より大山不動堂辺の図

れ、表参道にあたる。表参道は大山の東南斜面を流れる大山川の谷に沿って上る道で、伊勢原から子易を経て大山千軒と呼ばれた宿坊街に至る道である。参詣者の増加につれて沿道には人家も立ち並び、宿坊も増え、参詣者相手の土産品、守札を売る店も現れた。

大山町（六町）のうち坂本町・稲荷町・開山町など、「上分」といわれる部分は江戸初期にはその形を整えた。江戸中期に入り福永町・別所町に続いて、寛文七年（一六六七）には新町が誕生し三町の「下分」が成立し、門前町は本格的な発展を遂げた。

一方裏参道は、大山の南斜面を真南に流れる金目川の谷に沿って上る道である。秦野から寺山を経て蓑毛の集落から大山へ至る道であることから蓑毛道と呼ばれた。現在は面影がないが、かつてはこの裏参道にも御師の経営する宿坊が軒を並べて賑わっていたのである。

蓑毛御師の集落について天保七年（一八三六）の『蓑毛村明細帳』には、神家侍者二軒を加えた一三軒が御師の集落をなしていたことが記載されており、大山御師のおよそ十分の一が蓑毛の御師として活動していたことがわかる。

蓑毛御師の檀家についてみると、南関東一円にも檀家をもっていたものの、その範囲は伊豆・駿河方面に集中しているのが特徴的である。志太・安倍・益津・有渡・富士・駿東（以上駿河国）、田方・賀茂（以上伊豆国）郡のほとんどに蓑毛御師の檀那が存在していた。駿河・伊豆方面から大山へは御師も講中の人達も蓑毛道を利用していたのである。

各御師の檀家数はおよそ一〇〇〇戸程度で、御師たちは毎年春と冬に一カ月ほど配札に出ていた。大山町の御師が江戸という町方の参詣者を歓迎したのに対して、蓑毛御師は村方の参詣者を優先的に宿泊させた。また蓑毛道は、先述のとおり富士講の人が帰りに大山詣りをするときに頻繁に用いた道でもあった。

富士講の人は富士山の帰りに足柄峠を越えて足柄平野に入り、場合によっては箱根山麓の大雄山最乗寺にお参りしたあと、足柄平野を横切り、渋沢丘陵を越えて秦野盆地に入り大山南麓の蓑毛御師の宿坊に泊まる。翌日は裏参道を辿って山頂の石尊社あるいは蓑毛越えを経て不動堂にお参りするというのが一般的であった。

蓑毛ルートの道者は大日堂の滝でみそぎをしてから大山に登拝したといわれる。蓑毛御師の場合は配札だけでなく、宿泊者の大山道案内も積極的に行っていたようだ。蓑毛には、荷廻しという強力な助っ人がたくさんいて、登拝者の荷物を持って供をしたり、登拝者の次の宿泊地へ荷物を先に運ぶ役目を担っていた。また、蓑毛の入り口には馬の立場もあり、付近の農家の馬が荷物運びのために利用されたのである。

大山参りの最盛期には、このように表と裏に宿坊街が開けており、宝暦年間（一七五一～六四）の開山期には二〇万人もの人々が参集し、伊勢原や大山の町を往来したのである。

参詣客と大山土産

さて、ここで大山門前町の職業をみてみると、御師、土産物屋、飲食店などと並んで多いのが木地師である。木地師は大山信仰と結びついて発達した職業である。木地師がいつ頃から住みはじめたかは不明だが、鎌倉時代から麓には木地師を生業とする者がいたという。江戸時代に大山講が盛んになるにつれ、木地師は坂本町前不動付近から上の女坂のあたり三、四町の間に集落をなしていた。嘉永二年（一八四九）頃の木地師の戸数は大山全部で二六戸で坂本町だけでも十数軒あった。

木地師のおもな仕事は木地挽物で、木製のお盆、杓子類、玩具類などを製造した。なかでも正月の諸行事に欠かせない「オザッキ」は、神や仏に供え物をする際に使用する使い捨ての皿で、毎年新しいものを供出したため、年末の主要製品だった。

大山の木地師には、木地挽物師のほかに木札を製作する木箱師（箱師）も含まれていた。箱師は用材に椹《さわら》板を用いて神社と寺へ納める木札をつくり、その余材で重箱、剃刀箱、箸箱、糸巻などをつくった。木地師、箱師ともに塗り師を兼ねて製品の絵付けから製造までを一貫して行っており、重箱、箸箱などは、御師の土産物としても重宝された。『東都歳時記』（斎藤月岑著・一八三八）には、大山に行き梅酢で染めた手遊びの竹鎗挽物細工などを土産物にしたとの記述があり、色付けは梅酢などで行われていたようだ。

大山の木地師は、登拝客に土産物を売るだけでなく、御師が壇廻りに持参する配札のための札や、配り物としての挽物や名木箸の類を多く製作したことが特徴的である。御師の壇廻りが盛んになるにつれ、需要も増え繁昌したため、その戸数も増えていったものと考えられる。

玩具類のなかで人気があったのは、「大山独楽」である。村山坊の天保八年（一八三七）の檀家への配り物をみると、品名に「こま類」が見計らいとして記載されている。土産物としては高価で珍しいものであったらしく、檀廻りの際に御師が相手先の様子をうかがいながら、差し出していたことがわかる。大山独楽は「独楽の回りと金運がついてまわる」といわれ、大山信仰と結びつき、五穀豊穣・商売繁昌の縁起物として参詣土産に買い求める人も多かった。

鎌倉の帰りに大山へも立ち寄った自住軒一器子の紀行文（『鎌倉紀』一六八〇）は、十七世紀後半に大山の門前町が賑わっていた様子をつぎのような内容で伝えている。

「大山は麓の里も丘つづきで、山上へ登る十八町の道は、遠国は知らず近国では、たとえようもなく急な岩坂だが、石の上は人の足跡でくぼみ、木の根は木賊《とくさ》をかけて磨いたようになるまで、貴賤の参詣が多く、けわしい道を上下する人はひきもきらない。一時のはやりの仏は必ず衰えるものであるが、大山はいつも同じように栄えている。山下の民家は五〇余町の間は田畑も作らず、参詣の人をあてに、都（江戸）への土産にする破籠《わりご》（檜の薄い白木で作った弁当箱）や挽物（ろくろで挽いてつくったうつわなど）を作って売る家や、祈禱をする御師の宿ばかりが軒を並べて、狭い土地を争い合って多くの人が住んで、江戸にもまさって繁昌している。」

『東海道名所図会』は江戸後期の大山の様子を「別当八大院、其外坊舎十八院、御師百五十余宇」「坂路の両側民家軒端をつらねて、御師の家・茶店、あるは名物の挽物店多し。坂路みな石段にして、惣数一万五千余もあり」とその繁栄ぶりを伝えている。

江戸後期には個人参詣者の中に女性の登拝姿も散見するようになる。本堂不動堂から石尊頂上までのあいだは女人禁制であり、慶長十年（一六〇五）以降、前不動と本堂不動堂とのあいだの女人居住も禁止されていた。だが日帰りの不動堂の参詣は許されていたので女性も本不動までは登ることができたのである。

前不動で参拝道は左右に分かれる。右は男坂、左は女坂と呼ばれる。男坂は険しく、岩壁をよじのぼるようなところもあるが、江戸時代には病弱な者と子ども以外はこの男坂を登らされたという。

文政四年（一八二一）『江ノ嶋の記』を記した菊地民子は友人らと江ノ島に行くことを目的に旅に出る。鎌倉・江ノ島を遊覧した後伊勢原に泊まり、翌日大山へ。前不動では里の子どもたちが参詣者から物をもらおうと群れてくるので、銭を撒くと喜び騒ぎながら拾っていた。参詣者目当てのこのような光景は日常化していた。前不動から本不動までは一八町である。

民子らはけわしい男坂を上り、まもなく汗が出て着物も汗ばみ、足の裏も痛くなる。半分まで来てひと休みしていると、七十歳になるという老尼に出合うが（民子はこのとき二十八歳である）、老尼の

『東海道名所図会』に描かれた大山

姿に励まされて本不動まで上りきり、帰りはすこし緩やかな女坂を下りた。麓から宿泊予定の厚木までは駕籠を呼んでおり、かなりハードな思いをしたようである。

江戸後期には江戸では数度にわたる大火があり、関東では大洪水、天明の大飢饉、都市の打ちこわしなどがあり、世情不安におちいった。人々の間に神仏にすがり、危機を打開したいという風潮が高まるなか、大山信仰への参詣も盛んになった。その間、寛政四年（一七九二）に『大山不動霊験記』が作成されたのも、後述するとおり、参詣熱をあおった要因のひとつといえるのである。

第四節　江戸庶民の大山信仰

夏山登拝

江戸の大山詣りは、庶民の間では江戸初期から行われていたようで、慶安元年（一六四八）に、幕府は江戸町人の派手な伊勢・大山詣りをいさめている（『御触書寛保集成』）。だが、盛んになるのは江戸中期以降で、文化・文政・天保期にはそのピークを迎えている。

農村では雨乞い・水神として武蔵や相模の農民の信仰が篤く、村の代表として参拝する代参講が中心だが、江戸庶民の大山信仰は水に関係の深い職業である火消し、酒屋、また御神体の刀に関係する大工、板前などの職人や商人を中心とした講中が多いのが特徴的である。江戸市中では火防・招福除災の信仰の山として鳶や職人が講を組織して参拝することが多かった。

江戸から大山への参拝参詣は夏山期間中に集中していた。いわゆる山開きで大山寺最大の祭りである。旧暦の六月二十七～三十一日までを「初山《ハツヤマ》」、七月一～七日までを「間の山《アイ》」、七月十三～十五日までを「盆山」、七月十六～十七日までを「仕舞山《シマイヤマ》」と呼び、江戸時代はこの期間に限り頂上の石尊社登拝が許された。それ以外の季節は不動堂本堂までの登拝しか許されなかったため、夏山には一気に大勢の参拝者が訪れたのである。

石尊権現は関東一円と甲信越地方に広がった石尊信仰の対象である。山頂には主神の石尊権現社のほかに、大天狗社・小天狗社・風雨神社・徳一社の四社があった。大天狗社（大雷神）・小天狗社（高龗神）は修験道の神を祀る神社である。

夏山登拝は、少なからず修験道の影響を受けていると考えられる。一説によれば、修験道では太陽を遠い御祖とみて、夏山を年に一度の好機として登山し祖神の大生命にめぐりあうことを無上の喜びとしている。そのため六根懺悔して清浄身の水垢離をとり、夜山をかけて山頂に至り、東方暁の空に日の出の御来光を拝み、合掌し六根清浄を奉唱し、天地自然大地を呼吸し、祖神の大生命を受けつぎ、神人合一の境地に立つのが夏山の意義であるという。

六根とは、万物を認識する根源とされる眼根・耳根・鼻根・舌根・身根・意根の六つを指す。六根清浄はこれらの煩悩を捨てて、六根を浄めて唯一筋に神仏に招福除災祈願する心境の表れである。

江戸庶民の夏山登拝の様子を当時の史料から再現してみよう。

江戸の大山講は六月二十七日の参詣の前の数日間にわたって両国橋の東詰め回向院の前にある大川で

「ざんげ、ざんげ」と唱えながら水垢離をとった。両国の大川はふだんから病気を治す祈願をしたり、招福を願う人の垢離場でもあったため、川に下りられるように石段がつくられ、川底は石畳であったという。千垢離は洗垢離ともいわれ、千本の薬しべを流し千度の祈願を込めるところからその名が生まれた。藁しべを手に持って水中に投げ、さしが流れるのを病気平癒の吉兆としていたのである。

大山詣の講中は参詣する前に川中に乳まで浸り水をかぶり身を清めた。水垢離を終えた講中は白装束に身を固め先頭に先達を立て、木でつくった納め太刀を持って江戸を発った。

納め太刀の風習は、鎌倉時代に源頼朝がとくに石尊社を敬い、毎年一度、佩刀を阿夫利大神（石尊権現）の宝前に供えて納め、武運長久と諸災祓除の祈禱を受け護身の太刀にしたという故事に由来する。この故事が後に庶民の招福除災の願望と結びつき、大山の納め太刀という独特の信仰が生まれたのである。納め太刀には「奉納大山石尊大権現大天狗請願成就」「大願成就、誰々以下何人」「大山講中誰々以下何々」などと墨書されており、これをかついで進んだ。

江戸の講中は大山に入ると御師の宿坊沿いを流れるみそぎの滝で再び垢離をとる。両国での水垢離は都市のけがれを祓う意味合いが強かったが、大山での垢離は参拝者個人のみそぎとして行われた。大山詣に行く者は山麓の滝で垢離をとり罪過を懺悔しなければ山頂の石尊社へは行くことができなかった。罪障のある身で登ると山中で天狗にさらわれ身体を八つ裂きにされると固く信じられていたのである。

山麓の垢離をとる滝は、福永町の大滝・愛宕の滝・開山町の良弁滝・坂本町の元滝の四滝だが、最も有名なのは、広重や国芳も錦絵の題材として取り上げている良弁の滝である。前不動から本不動までの男坂を登りきると、いよいよ上社への入口である。

開山初日の未明には、日本橋小伝馬町のお花講の人達が頂上への石段入口にある中門を開くのが慣習だった。お花講は下社から上社へ通じる門扉の鍵を預かり、夏山初日の六月二十七日にこれを開けるという大役を担っていたのである。お花講は江戸日本橋の小伝馬町あたりの問屋、商人、職人などによって、元禄年間（一六八八〜一七〇四）に組織された。大山不動堂へ仏事用の造花を供えていたために、その名があるという。

参拝者は石尊大権現参拝を終えたあと木太刀を神前へ奉納した。木太刀は小さいものは約二四センチ、大きい物は約三メートルに及び、長い物ほど御利益があるとされていた。帰りにはほかの講中が納めた木太刀を持ち帰り、招福除災の守りとしたのである。

川柳の中の大山信仰

大山信仰の諸相は宝暦頃から、川柳をはじめ談義本などの文芸作品に数多くみられるようになった。文化十四年（一八一七）には、『東海道中膝栗毛』に模した滑稽本の『大山道中膝栗毛』なども出版された。また、落語の大山詣りのネタにされるなど、大衆文化の中に根づいていった。

『東都歳時記』は六月二十六日の石尊垢離取りの様子を次のように紹介している。

さんげさんげ六こんざいしやう、おしめにはつだい、こんがらどうじ、大山聖不動明王、石尊大権現、大天狗小天狗といふ文を唱ふる事、さんげさんげは慚愧懺悔なり。六こんざいしやうは六根罪障なり。おしめにはつだいは大峰八大なり。ことごとく誤れども、信心をもって納受し給ふならん。この事中人以下のわざにして、以上の人はなしといえり。

中人以下とは江戸庶民の中下層の人々を指している。大山信仰、なかでも石尊信仰の信者は都市の中下層の人に多かった。

大山信仰の大衆性は川柳によく表現されている。川柳については根本行道氏の『相模大山と川柳』に詳しいが、それによると、川柳が江戸時代に広まったのは宝暦頃で、柄井川柳が宝暦七年（一七五七）に「川柳評万句合」という刷物を創刊したことにはじまる。柄井川柳は元は上方で流行していた雑俳のなかのひとつ前句附の点者（選者）だった。宝暦年間といえば大山詣の最盛期であり、その習俗は皮肉や風刺の格好の材料になったのである。

大山詣のなかでも納め太刀に関する川柳は数多く読まれ、江戸の中下層の庶民の諸相を知るうえでも興味深い。いくつかあげてみることにしよう。

二度の懸山と祓いで取りはぐり

これは借金取りが盆の支払いを取りたてに行ったら大山へ逃げられ、暮れには伊勢神宮へ逃げられ、とうとう一年の貸をとりはぐったという意味である。

納まらぬ盆を納める太刀で逃げ

盆前の借り太刀先で切り抜ける

江戸時代の決済期は盆と暮れの年二回だった。当時は盆の支払期をのがれると暮れまで催促されない習慣があったため、借金で首のまわらなくなった連中は、ちょうど盆の支払い期に山開きをする大山へお詣りにかこつけて借金取りから逃げたのである。中下層の人々にとっては借金逃れや、博打の神としての大山信仰が存在していたのである。

大山信仰の性格

江戸時代に入り大山信仰は多様な側面をもつようになった。第一は「雨乞い」に代表される農村部を中心とした農耕の守護神としての習俗である。大山にある二重滝は昔から雨乞いに霊験があるとされており関東一円の農民の篤い信仰を受けていた。江戸時代に入ってからも旱魃時には各地から農民が雨乞いに参詣し、二重滝で雨乞いをし、その水を持ち帰り田に灌ぎ降雨を祈ったのである。

第二は漁業に携わる人たちを中心とした漁業・航海の守護神としての習俗である。相模湾沿岸の漁民や沖合を航行する船人にとっては、大山を目印に漁場を探したり航路を決定したりした。山頂には海上の守護神鳥石楠船神が宿ると信じられており、航行守護信仰の対象になっていた。江戸時代に入ってからも船人たちの崇敬を集めたのである。

第三は霊山としての大山に関わる信仰で、大山は出世の神であるとする初山参りの習俗である。この出世とは近代的な立身出世というよりも、地域社会における一人前への健やかな成長を感謝するという意味合が強い。

男子が十五歳前後にはじめて大山登拝することは、ハツヤマ（初山）と呼ばれており、心身ともに一人前に成長したことを喜んだのである。地域によっては幼少の頃に登拝する例もあった。三歳になった子は父親に背負われて夏に必ず大山に登拝し、帰りに神札を購入して近所に配ったという。

十五歳の初山では、親戚や近隣の家々からハナムケ（餞別）をもらい、家ではもちをまいてお返しをし、本人は帰参すると近所に神札と土産物などを配った。初山参りには成人式の意味合もあった。大山は若い者の出世山で、若い衆は仲間入りを済ませると地域の代参講の人々に混じって大山登拝をする。帰途には江ノ島などに泊まって精進落としをしてくる者もあり、こうしてはじめて一人前の大人として認められたのである。

第四は、死霊鎮座の地としての大山信仰である。典型的な例としては茶湯寺参りがある。これは、死後百日目あるいは百一日目に大山山麓の茶湯寺に参詣して死者供養をすると、帰りに死者そっくりの人と会えるというもので、古来から大山にあった祖霊をうやまう原初的な信仰にもとづくものである。

第五は「太刀納め」に象徴される江戸町人を中心とした招福除災としての大山信仰である。これは先の四つとは異なり、大山に現世利益を求めるというもので江戸時代になってから都市部に発生した。そこには江戸庶民の現世的な願いと御師の宣伝力の強さを感じることができる。

江戸の大山講の特徴

都市部の江戸町民を中心とする大山信仰は農村部のものよりずっとはでやかだった。農村部での講は代参講が普通だったが、大山は江戸から近いということもあり、集団での総参りが多く、職人や仕事仲間による講、すなわち職域講が中心だったことに大きな特徴がある。

大山詣りが盛んになりはじめる十七世紀の江戸の町を眺めてみると、職人たちが同業者同士で仲間をつくりはじめた時期と符合する。江戸の町は初期の頃から職人の多い町だったが、職人たちが同業者仲間として結びつくのは明暦の大火（一六五七）後である。大火後の需要を見込んで江戸市中に定住するようになった職人たちは、地域的に近い同業者が連絡しあい互いの権益を荒らさないとの協定を結び仲間をつくっていった。

この仲間の結合の形式が職人の場合は講組織だったのである。大工や左官などは太子講という講を組むことが多い。太子講は信仰的な親睦団体の様式をとっているが、その実態は同業者仲間としての利益団体といえるものである。

さて、大工・左官・畳職人・瓦職人・鳶など、江戸の職人たちを中心に行われたのが「太刀奉納」の習俗である。太刀は幸福を願う祝具としても用いられたため、ほかの職域の商売人たちが鳶に頼み、代参させることも多かった。たとえば、赤坂、新橋の花柳界を中心とする芸人衆は木製太刀を男性器に見立てて客足増加と商売繁昌を祈願して鳶の者に代参奉納させている。また、東京芝の御太刀講は、享保十七年（一七三二）に農機具と呉服を商っていた万屋伝兵衛という人が江戸八丁堀の鞘づくり職人から太刀を入手したのがその起こりとされるが、伝兵衛も町火消しや鳶に太刀奉納を代参させている。

太刀が山の上に上がるのは夏山の期間だけで、それ以外は地元に保管された。地元では太刀の刀身を少し抜いてその下を大山に参拝できなかった人がくぐり、家内安全や商売繁昌を祈願したという。

もうひとつ、都市部における登拝習俗で特徴的なものは、北品川の北新御神酒講などにみられる神酒枠を担いで登拝するというものである。ここでも商人たちが鳶などの職人に代参を依頼している。講中は空の神酒徳利を一本ずつ入れた神酒箱を神社に納め、神社では御神酒とお札を与える。代参者は町に戻ると講員に御札とともに御神酒を分配した。町では登拝する十日前に神酒所をつくり、そこに一対の神酒箱を置いて神酒と供物を供え、町内の人々がお詣りに行った。

神酒枠や木製太刀を担いだ参詣人たち
（広重『東海道五十三次細見図』）

このような町ぐるみの講中に欠かせない存在となっていたのが江戸における鳶の存在であった。鳶は、大工などの職人に対して零細な職人であることから小職人（左官職や鳶職など）と呼ばれ、十八世紀頃からその数も増えた。店をもたない彼らは裏店の長屋に住まうようになり、町火消しとして町内とのつながりを強く持つようになる。町火消しは当初、店借人や奉公人を動員したが、やがて町抱え（町の費用で雇用する）の鳶人足が多くなった。

彼らの活躍は「江戸の花」とうたわれたが、江戸時代後期になると町火消しの集団による大山詣りが盛んに行われるようになる。大山の不動明王は火伏せの神として知られており、町火消しのなかに熱烈な信仰を寄せるものが多かったからである。『開導記』にも「か組」「に組」「わ組」など、町火消しの講中が数多く記されていることから、江戸の大山講には町火消しの信仰が篤かったことが知れるのである。

ここで特徴的なのは、鳶や左官職の人々は同業者仲間講員でもあったと同時に、町内の大山講の仲間でもあったという点である。つまり彼らは大山講の二重講員だったのである。

そのほか、江戸には商人の同業者による講中も数多く存在していた。魚問屋の講、屋形船所持者の講、旅籠屋仲間の講、米穀問屋の講など、いくつかの地域を横断した形で同業者同士の講が組まれたのである。能役者同士、歌舞伎役者同士などという講もあった。

商人仲間の講中は商売繁昌・家業の繁栄を祈願して組織された。豪遊を兼ねたものも多く、なかには芸者や、板前を同伴した講中もあった。『開導記』には、蠟燭講中、理髪職講中、車力講中、米仲買者講中、芸者屋講中、京橋釘店講、錦魚講、深川木場講、縁日講、提灯講などの講中名がみられることから、江戸後期以降これらの商人仲間の講中が多数参詣したことがわかる。

老舗の大店を中心にその出入りの人々が一体となって大山信仰をしていた例もある。老舗呉服店に出入りする和服の仕立ての仕事を中心とする諸職人（仕立・染物・刺繡・洗張加工等の職人）の講である。老舗呉服店は現在の上野松坂屋で、出入りの人達でつくった講は籐栄会という名前で現在も続いている講中である。

松坂屋と大山との関わりは、宝永四年（一七〇七）松坂屋の前身が上野に店を構えたときに、敷地内にすでに大山の神が祀られていたために、大山に人を派遣して商売繁昌を祈願させたのがその始まりだという。

これら商人の団体による講は、商売繁昌・家業繁栄という現世利益を求めるもので、病気平癒とか、災害除けといった切実な願いを祈願するものとは性格を異にしていると考えられる。また、親睦旅行を兼ねたきわめて行楽的要素が強いところも、都市型大山講の大きな特徴といえるのである。

御師たちのPR誌『大山不動霊験記』

大山の御師たちが、大山不動の御利益を宣伝する手段のひとつとして用いたのが寛政四年（一七九二）に出版された『大山不動霊験記』である。版本は江戸をはじめとしてかなり広範囲に残っており、相当数が印刷されたことが知られている。これは、大山不動を信仰するといかに現世と来世に利益を得ることができるか、その霊験をわかりやすく紹介した、いわば御師たちの講中向けPR誌である。

本の形態は、大山寺の塔頭のひとつである養智院の住職の心蔵という僧侶が大山不動信仰により利益を受けた多くの人々の伝承を聞き書きという形でまとめた説話集である。全巻一五巻から成り、第一巻は大山寺の開基伝承から江戸時代に至る通史的な内容だが、第二巻から第一五巻は、聞き書きという形式をとりながら、大山不動の霊験にまつわる話が全部で一二五話収録されている。圭室文雄氏の分析によれば、このうちおよそ九七％が江戸時代の説話であり、霊験記出版からさかのぼること五〇年間、すなわち一七四一〜一七九一年までの話が八〇％以上を占めている。つまり著者の心蔵が生存していた間に見聞きした出来事が中心となっているのである。

また説話の舞台となった地域をみてみると、相模国、武蔵国、下野国が八七％を占めている。そのほか、常陸国、上野国、陸奥国、駿河国、甲斐国など、出雲国を除いたすべての国が大山講の檀那場と重なっている。御師たちは『大山不動霊験記』のなかでその地域にふさわしい説話を選び、布教活動の際に持参したと考えられる。身近な地域の人物のごく最近の霊験を載せることで、わかりやすく大山不動の御利益を説くことに利用したのである。

武蔵国を舞台にしたものは三五話あるが、そのうち江戸の話が一六話と、約半分を占めていることも注目される。

話の内容は「病気治し」がもっとも多く四五話ある。眼病平癒、疫病平癒など、多岐にわたっており、当時の人々がいかにこれらの病気に悩まされていたかがわかる。次に多いのが「火難除け」の説話で、一三話、三位が「田畑の災害除け」で八話、以下「盗難除け」七話、「来世往生」七話、「水難除け」六話などとなっている。田畑の災害除けは農耕民の信仰と結びつくものであり、火難除けは江戸で盛んであった都市型信仰、また水難除けの話は漁民信仰者などに説かれたものと考えられる。

これらのうち、江戸の大山講と関連の深い火難除けの話をいくつかみていくことにしよう。江戸における話は火難除けとして、木太刀奉納と関連づけたものが多いことが注目される。一つ目は、京橋一丁目の境彦兵衛の話である。

彦兵衛はかねてから大山不動の信仰をもっていた。安永元年（一七七二）二月二十九日、江戸に大火災が起こった。火の勢いは強く、彦兵衛の向い側の家までさしかかったが、彦兵衛が大山不動から購入してきた木太刀に向って火難除けの祈願を一心に行ったところ、燃え盛る火は方向を変えて、隣近所はすべて焼失したのに我が家だけは無事だったという話。

次は神田青物町に住む若者の話である。同じく安永の大火のあった日のことである。神田青物町に住む若者が、家に忘れてきた木太刀のことを思い出して、家に取りに帰ると多くの人々は猛火で犠牲になったが、若者だけは木太刀のおかげで半身は焼けただれたが、命は助かった。若者は三カ月後の五月には火傷も全快し、夏山の大祭に大山参詣を行い、命を助けてもらった長さ二間の木太刀を大山不動に納めてその利益を感謝したという話である。

『武江年表』によれば、安永元年の大火は二月二十九日の正午に目黒行人坂の大円寺から出火し、江戸市中をおりからの強風でなめまわし、翌三十日の午後二時まで、ほぼ二六時間も燃えて、同日の大雨でようやく鎮火したという。この火事による災害は幅一里（約四キロ）、長さ六里で、大小名藩邸、寺院、神社、町屋の類の被害は著しく、焼失、怪我人は数えきれないほど出た、とあり、明暦の大火以来の大火事だった。『大山不動霊験記』が刊行される二〇年前の出来事であり、まだ人々の記憶にも新しい。

『大山不動霊験記』はこのように人々を動揺させた災害を巧みに利用し、現世の利益を説いているところに大きな特徴がある。火難除けの例でいえば、木太刀の霊力を強調したことにより、大山の木太刀は火伏せの木太刀としての宣伝が行き届き、以後職人を中心に火伏せの守り神としての大山信仰が浸透していったのである。

また『大山不動霊験記』には、漁師を対象としたものに航海の守り神としての大山を宣伝した水難除けの説話があるが、これとは別に「大漁の祈願」の説話が二つ載せられている。大山を信仰していた者が生活苦のため「大漁」を願うと大漁が続き、借金を返したうえに貯蓄までできたという話などが載せられている。

このような現世利益的な願いを叶えてくれる話は、漁師だけでなく、江戸の商人などに商売繁昌の神としての大山を宣伝するのに大いに役立てられたものと思われる。

以上『大山不動霊験記』の側面を概観してきたが、きわめて日常的に起こりうる身近な出来事や、実際にあった事件をモチーフにすることで、リアリティのある話に仕立てあげ、それを御師という特定の人物が語ることでより説得力をもたせることに成功している。まさに大山信仰の御利益を宣伝する一役を担ったものといえるだろう。

第五節　大山参詣の道

矢倉沢往還

大山参詣が盛んになると、関東および近県から大山へ向う街道が放射線状に幾筋もでき、大山へ通じる道はすべて大山道と呼ばれた。江戸庶民に最も多く利用されたのは、江戸赤坂御門を起点とする矢倉沢往還と、東海道藤沢宿で分かれる田村通大山道と、戸塚宿から分かれる柏尾通大山道である。

矢倉沢往還は赤坂御門→三軒茶屋→瀬田を経て多摩川を二子の渡しで渡河し、二子→溝口→長津田→厚木→伊勢原→松田惣領を経て矢倉沢の関所に至り、さらに足柄峠を越えて駿河方面へ達する道である。矢倉沢往還の難所は八十八坂七曲りといわれた険しい道だった。近世に入り東海道の脇往還として、継立や休泊の機能を整え、相模中央部を東西に結ぶ幹線として発達した。伊豆の乾魚やしいたけ、駿河の茶や真綿、秦野のたばこなどの物資を江戸へ運ぶ重要な役目を担っていた。

矢倉沢に関所があったことからこの名があるが、享保頃から大山詣りが盛んになると、関東からの大山詣りには頻繁に利用されたため、「大山街道」の名前で親しまれるようになった。ほかに青山通り・江戸道・相州街道・厚木街道・富士道などとも呼ばれた。

江戸からは矢倉沢往還を利用して伊勢原に出て、下糟屋→石倉下で田村通大山道に合流するというのが一般的に江戸庶民や近郊の者が利用したコースである。また小田原方面からの矢倉沢往還は、足柄峠から矢倉沢→十文字渡し→千村→渋沢→平沢→今泉→曽屋宿→白根→田中村→子易を通り大山へ入る道が利用された。沿道各地には大山道標が数多く建てられており、大山信仰の隆盛を知ることができる。渡船場のあった二子・溝口、厚木などの継立村は大山へ向う人の休み処として賑わった。

また、石尊灯籠は渋谷宮益坂の上、三軒茶屋の三叉路、用賀の坂下、瀬田の坂上、二子神社の前、荏田の小黒谷戸、長津田などにあり、春と夏の山開きには大山までの道の灯籠に点灯され、道案内の役目も果たした。

各宿場には大山詣りの定宿も数多くあった。たとえば、渡辺崋山の『游相日記』（一八三一）に記載されている下鶴間宿角屋伊兵衛の旅籠屋は、天保年間には江戸の町火消し「大山く組」の定宿であった。

田村通大山道

田村通大山道は、東海道藤沢宿から四ツ谷→高田→一之宮より相模川の田村の渡しを経て、伊勢原から子易、大山に至る道である。

四ツ谷の入口には大きな鳥居があり、傍らには「是より右大山道」という文字が刻まれた石塔の道標が建っている。この道標は万治四年（一六六一）に建てられ、天保四年（一八三三）に再建されている。大山詣が最盛期を迎えるのは宝暦年間だが、それより六〇年も前に建てられものであることから、江戸の大山講の人たちが早くから利用していた道であったことがわかる。四ツ谷から大山への道はお花講の人たちが利用したためにお花講道とも呼ばれた。また、大山詣りの参詣者は帰りにこの道を通り江ノ島へ向うことが多かったため、大山詣の後に江ノ島・鎌倉に参詣する人が増えると、江ノ島・鎌倉めぐりの拠点ともなった。

四ツ谷は藤沢宿から最も近い立場であるため、藤沢宿とのトラブルも発生した。四ツ谷では、大山への参詣者が殺到する夏山の時期には茶屋を出す者が多くなり、江戸後期には柏屋、羽鳥屋、鎌倉屋、伊勢屋などの旅籠や茶屋が軒を並べていた。なかには、茶屋を宿屋がわりに客を泊める店も出てきたため、藤沢宿は客の数が減少したことなどを理由に商売妨害を訴えたのである。

これに対して道中奉行は文政十三年（一八三〇）藤沢宿を保護するために、四ッ谷の茶屋に次のような一札を書かせている。

大山石尊御祭礼中に旅人を宿泊させるという件については、六月二十七日から七月二日までの五日間に限って宿泊の商売をしますが、それ以外の日についてはこれまで通り茶屋の営業だけをいたします。

結果的には期間限定ながら四ッ谷での宿泊を許可しているのである。いかにこの時期に参詣者が集中していたかの裏づけでもある。

田村通大山道はほかのいくつもの街道と交差していることが特徴的である。田村の渡しの手前の一之宮は、西は中原街道と交差し、南は八王子道と交差している。寒川神社の門前町だったため旅籠屋もあり、大山詣りの人たちも宿泊した。さらに田村の渡しを渡ると、田村の辻で厚木道と交差する。ここは田村の茶屋町として、大山参詣者の中継点としての賑わいをみせていた。

「田村の渡し」は大山道にかかる相模川の渡船で、田村と高座郡一之宮、田端の三村による経営で船四艘を常備していた。『新編相模国風土記稿』には、「渡頭により雨降・二子等の山々、及富嶽を眺望し、最佳景なり」とあり、船上からの眺めが素晴らしかったことがわかる。

柏尾通大山道

柏尾通大山道は東海道戸塚宿の手前の下柏尾より、岡津↓和泉↓長後↓用田↓門沢橋から相模川の戸田の渡しを経て、上糟屋↓石倉下で田村通りに合流する道である。江戸から東海道を利用した場合は、西へ向う近道であったため頻繁に利用された。陸路だけではなく、船で江戸湾を横切り神奈川湊から神奈川宿に宿をとる上総、下総、水戸街道などの漁業関係者にも多く利用された。神奈川宿か保土ケ谷宿で一泊した者は、翌朝戸塚宿手前の柏尾通りから大山へ参詣するというのが一般的なルートだった。

柏尾通りにある戸田村は東海道平塚宿から北へ走り、厚木・八王子に至る八王子道の通過地点にあたる。戸田の渡しは船二槽を準備しており、相模川を渡船した。歌川広重もこの地を訪れ、「相模大山道戸田の渡し」を描いている。戸田村には旅籠・茶屋などがあり、大山への参詣者で賑わっていた。

安永七年（一七七八）には保土ケ谷・戸塚の両宿が柏尾通大山道の停止を求める訴訟を行っている。これは柏尾通大山道が開設されたことで、両宿の道者が減少したことを訴えたものだが、柏尾通りも古くからある道であることから結局は宿側の敗訴に終わっている。このような道を巡る争いは時代とともに増えており、大山参詣者の増大を裏づけるものであった。

小田原方面からの大山道

小田原から井ノ口への大山道は、六本松通り・羽根尾通り・二ノ宮通りの三コースがあった。

六本松通りは、小田原宿より甲州街道を北上し、多古村を経て酒匂川を渡り、飯泉（坂東五番飯泉観音の門前町）を通過し、曽我別所村に達し、山彦山の六本松のある山頂から井ノ口へ入る道である。山頂を下れば足柄上郡の田中村に入り、久所を経て井ノ口村より大竹村に入り秦野に達する。秦野からは、寺山を経て蓑毛への裏参道と、横畑を経て坂本（大山門前町）に出る道に分かれた。

羽根尾通大山道は小田原領内の前川村で東海道から分岐し、中村郷の村々（羽根屋、中村原、小船）を過ぎ、小竹村に達し、さらに北上し足柄上郡遠藤村から宇塔坂を上り久所で六本松通大山道と合流した。

二ノ宮通大山道は東海道二ノ宮村より一色村を経て井ノ口村に至り、ここで六本松通大山道と羽根尾通大山道に合流した。

このうち六本松通りは小田原からの参詣者が最も利用した道である。六本松のある下曽我は西郡の足柄平野と、大磯・二宮方面に通じる陶綾《よろぎ》丘陵の横断道路として重視された古道の峠であり、小田原城の戦略上の重要な拠点であった。近接する曽我谷津村には曽我太郎祐信の寄進した不動の石祠などもあった。

海上からの道

房総や伊豆方面から海路大山詣をする人は平塚の須賀湊に上陸し、まず三島神社（祭神大山祇命）に参詣してから中原、豊田本郷を経て伊勢原から大山へ向った。江戸時代の須賀湊は物資集散の要港で、須賀湊から江戸鉄砲州、伊豆国下田、相模国三浦三崎への航路があった。俗に須賀千軒といわれるほど、漁港としての賑わいをみせたが、須賀の魚売りも、相模国中北部一帯から津久井郡、武蔵国南部、甲斐国南部にまで知れわたった有名な存在だった。

須賀の魚売りは耳白半纏を着用し、前後に籠をつった天秤をかついで魚を運び行商したという。大山御師の宿坊もお得意先のひとつだった。とれてたての新鮮な魚が調理されて食卓に並ぶこともあり、講中にとっても楽しみのひとつだったに違いない。

そのほか、『新編相模国風土記稿』大住郡の項には関東近郊の道として、府中通大山道（府中→関戸の渡し→小野路→木曽→磯部→猿ケ島の渡しで相模川を渡り→上依知→下荻野→伊勢原→柏尾通大山道へ合流）八王子通大山道（八王子→御殿峠→田名より相模川の小沢の渡しを経し→荻野→岡津古久→西富岡→上糟屋で田村通りへ合流）や小田原通行道（小田原→篠窪にて富士道大山道と合し→渋沢→田原→蓑毛→大山へ）などが載せられている。これらの道は大山詣の激増とともに、さらに支線が発達していき、街道も賑わいをみせたのである。

第三章　江戸庶民の近郊行楽地

江戸後期になると江戸庶民は近郊の行楽地へ気軽に旅に出た。それも五～六日くらいで周遊できる近郊地へのセット旅行をする人が多かった。せっかく旅に出るのだから、いろいろな行楽地をまわってみたいというわけである。東海道を中心に交通が発達し、脇往還も賑わいをみせるようになると近郊行楽地への道も整えられていき、人々は自由に観光地を組み合わせて旅を楽しむようになった。

なかでも人気があったのは江ノ島・鎌倉・金沢八景・箱根といった相州への旅であった。金沢八景は武蔵に属するが鎌倉と近いため、大半の人が鎌倉の延長として立ち寄った観光地であった。これらの地域では観光客目当てのガイドブックや絵図などの出版も盛んに行われた。

第一節　江ノ島詣

弁財天信仰とそのルーツ

江戸時代の江ノ島は江戸から一三里の距離にあり、富士山や房総半島が見渡せる絶景の島として人気があった。また大山と結びついて、「江ノ島詣」ということばが生まれるほど参詣人が多かった。大山詣が盛んになるのは十八世紀半ばからだが、大山と江ノ島・鎌倉を組み合わせた旅は江戸時代初期から行われており、藤沢宿を中心にそのための道も開けていた。

江ノ島が庶民の間で人気が高かった理由としては、海上に浮かぶ島の風景の美しさと、弁財天の存在をあげることができる。江戸庶民の間に弁財天を広めるきっかけとなったものには「開帳」がある。江ノ島においても大山と同じく御師たちの活躍をあげることができるが、江ノ島のそれは御師の「開帳」による宣伝の効果が大きかったところに特徴がある。

江ノ島が広く知られるようになったのは養和二年（一一八二）四月、源頼朝が山城神護寺僧文覚上人に、竹生島の弁財天を江ノ島の巌窟に勧請供養させ、みずからも北条時政以下一六人をしたがえて参拝し、鳥居を奉納してからである。以来江ノ島の弁財天は厳島（安芸・瀬戸内海）、竹生島（近江・琵琶湖）とともに日本三大弁財天のひとつに数えられるようになった。

『吾妻鏡』には源頼朝や実朝などの参詣や祈念の記事があり、戦国時代には古河公方足利氏（古河に政庁を移した足利晴氏、その子義氏など）や小田原北条氏なども弁財天へ武運長久の祈念をしており、関東の戦国武将たちの信仰が篤かったことがうかがえる。江ノ島神社は金亀山与願寺という別当寺が支配していたが、弁財天が本尊とされ、信仰の対象はもっぱら弁財天に向けられていたのである。

江戸時代には、徳川家康が慶長五年（一六〇〇）六月会津征伐のため関東に下向したときに、江ノ島へ参詣し戦勝祈願を行っている。その後代々の将軍の祈禱所となり、東海道筋にあったため、大奥および諸大名の信仰も集めた。

弁財天はもとは古代インドの仏教の弁財天であるサラスヴァティー（河の女神）が平安時代の日本の神と習合したものである。インドの弁財天は本来は水の恵みにより豊穣至福を願う神で、弁舌・音楽・学問・知恵を司るものだった。

日本へは平安時代に『金光明最勝王経』により伝えられ、日本の穀神である宇賀御魂神や海上の神である市杵嶋

『江島縁起』に描かれた八臂の弁財天（江島神社蔵）

姫命と合体したことで食物、富貴、名誉、福寿など、ほとんどの願いを聞き入れてくれる神として、民間で信仰された。日本には、二臂と八臂のタイプの弁財天が伝来したが、最初に伝わった弁財天の姿は琵琶を弾じる二臂のもので、音楽の神、妙音弁財天として民間で人気があった。

次に伝えられたのが、八臂の弁財天で日本では宇賀弁財天としておもに戦国武将が信仰した。八臂の弁財天が手にするものは弓、箭、剣、宝珠、輪宝、鉾、鉢棒、長杵など、ほとんどが武器である。中世の武家は弁財天を福分を与える神としてだけでなく戦闘神として崇めたのである。なお「弁財天」の「財」が用いられるようになったのは中世末期以降で、弁財天は財宝の神ともされ、七福神のひとつに数えられた。

江戸時代には、弁財天は授福神とも呼ばれ江戸商人たちの商売の神として、農民たちの水神として、あるいは病気治しの神として参詣を仰ぐことになることになるのだが、なかでも江戸の人たちがひきつけられたのが江ノ島弁財天の開帳だったのである。

弁財天開帳

近世の江ノ島には、本宮・上之宮・下之宮の三祠があり、岩本院・上之坊・下之坊の三寺がその別当として、それぞれ弁財天を擁していた。上之坊は山上にあり肉食妻帯をしなかったが、下之坊は海岸にあり、岩本院とともに肉食妻帯をしていた。

岩本院の本宮は岩屋（奥の院）にあったが、夏期の高潮の際には参詣をはばまれたため、山上に本宮旅所を建て、その期間遷座することを例としており、そのための例祭も行っていた。

江戸庶民の江ノ島参詣熱が高まってくるのは、江戸中期頃からである。江ノ島ではじめて三社による開帳が開かれたのは元禄二年（一六八九）だが、定期的に開帳が行われるようになったのは、寛延二年（一七四九）で、この頃から江ノ島開帳の人気が高まりをみせるようになる。

開帳とは、「秘仏として平生は参拝を許さない仏像を一定期間、その帳《とばり》を開いて信者に結縁《けちえん》の機会を与えること」（『江戸の開帳』比留間尚）で、はじめは純粋な宗教行事だったが、近世に入ると、信者たちの奉納金品や賽銭目当てで行われるようになった。それは幕府の宗教政策の引き締めにより寺社に対する公的な援助の削減や寄付金品が制限されたため、寺社の維持費や修復費用が慢性的に不足していたからである。

幕府の助成策には二通りの方法があった。ひとつは金品の給・貸与であり、もうひとつは募金の認可・勧化の許可などである。将軍家との関係が頼れる場合には、申請すれば金品の給・貸与または御免勧化などの助成を受けることができたが、それは一部の寺社に限られていた。

募金許可には「御免勧化」と「開帳の差許し」があった。御免勧化とは、役僧が募金を許された地域を巡回して信者からの喜捨を受けるというもので、老中・寺社奉行連印の勧化認可状が必要だった。それに対して、開帳の差許しの場合は寺社奉行の寄り合いの席で認可された。

開帳の差許しはランク的には御免勧化より下とされるが、寺社にとっては収入を得るための最も有効な手段であった。また必ずしも一方だけが許可されるものではなく、寺社によっては両方が許可された場合もあった。岩本院の場合は、開帳の差許しを受けてから後の宝暦十四年（一七六四）に「御免勧化」も許されている。勧化・開帳の許可を得たことで、岩本院は寺の格を上げることになったのである。

ところで開帳には開帳神仏のある寺社で行う居開帳と、ほかの寺社（宿寺）を開帳場所に借りて行う出開帳があった。近世の開帳は居開帳も出開帳も全国的に行われたが、最も頻繁に行われたのが江戸での開帳だった。開帳の目的は収入増にあり、多額の寄付金を効率よく短期間で手に入れ、信者を拡張することにある。江戸中期には人口一〇〇万という大都市になっていた江戸で、しかも祭祀好きの江戸っ子を相手に開帳することは目的を叶える最上の手段であったといえよう。

江ノ島においては居開帳が一五回、出開帳は三回行われている。出開帳についていえば、江戸で江ノ島弁財天の出開帳がはじめて行われたのは延宝九年（一六八一）で、浅草第六天社地で開催された。二回目が文政二年（一八一九）、三回目が安政三年（一八五六）でいずれも深川永代寺境内において行われた。開帳された弁財天はいずれも江ノ島岩屋安置の八臂弁財天で、江戸でも大変な人気を呼んだ。ことに文政期や安政期には常磐津連・清元連・琴三味線中などの音曲界から多くの寄進を集めたのである。

また、江戸近郊の寺社のなかでも江ノ島の居開帳一五回という数字は群を抜いて多い。しかも江戸近郊の観光地であるため、江戸からの参詣者が多いのが特徴的である。例祭なども含めて江ノ島で弁財天の開帳が定期的に行われていたことも人気を集めた理由のひとつといえるだろう。

寛延二年（一七四九）以降、江ノ島の島内で密仏の弁財天を公開するいわゆる居開帳は、巳と亥年の六年ごとに一〇〇日間定期的に行われるようになった。弁財天は岩屋弁財天、下之宮弁財天、上之宮弁財天が交互に開帳されたが、そのたびに『武江年表』は「江戸からの参詣人多し」と書き記している。

宇賀弁財天の宝冠の正面には人頭蛇神のシンボル蛇が配されているが、弁財天は豊穣の福神、蛇の神であると信じられていた。そのために巳年とその中間の亥年の六年ごとに開帳が行われ、江ノ島弁財天の信仰者は「百味講」（弁財天に百味の供物を供える）や、「巳待講」などの講中を組んで参詣したのである。

江ノ島では開帳のほかに毎年、四月初の巳の日と、十月初の亥の日に例祭が行われていた。『東海道名所図会』（一七九七）にはこのときの様子を「竜窟の弁財天を神輿に乗せて、別当・社僧・神人みな列を正して、御旅所まで祭礼の行列がある。江戸あるいは鎌倉・金沢そのほか近国近隣の人が群衆して賑やかである。（中略）江戸より行程わずか十三里なので、男女童などがここに参詣する」とあり、例祭のときも開帳のときも江戸から大勢の人が押しかけていることがわかる。

居開帳は通常は三社が六年ごとに順番に開帳を行ったが、六十年に一度の己巳年には三社同時の総開帳が行われた。江戸後期の文化六年（一八〇九）は己巳年で、寛延二年己巳年（一七四九）以来六十年ぶりの総開帳であった。江ノ島の開帳は常に江戸からの参詣者が多く隆盛をきわめたが、この年は参詣者が常にも増して殺到したようで、『武汀年表』にも「江戸からの参詣者夥し」とある。

文化六年四月十五日の夜、江ノ島についた扇雀亭陶枝（『鎌倉日記』）は、岩本院に泊まろうとするが混雑していたため別の宿を紹介される。開帳の年の四月十六日は巳月巳日にあたっていたため大混雑していたのであろう。「巳月巳日巳刻に参詣する也」とあり、巳へのこだわりがうかがえる。また、次のように開帳時の華やかな賑わいぶりを表現している。

おりから四ッ谷のくつは屋が女づれで大勢の踊り子・芸者たちとひと群になって岩屋のほとりで遊んでいる。すべて参詣の若い女たちは、はでなこしらえで道中している。島においては一層はでで、おびただしく賑わっている。／開帳にすりあふ袖は江戸染のゆかたすかたのにしき江ノ島／

江ノ島開帳と出版物

江戸後期になると江ノ島を題材にした出版物や浮世絵などが数多く出版されるが、その多くが江ノ島の開帳に合わせて出版されていることが特徴的である。とくに文化六年（一八〇九）は、ふだんからの江ノ島人気にくわえて六十年ぶりの総開帳であることから、参詣者の増大は想像できたに違いなく、この期に合わせるように、十返舎一九『滑稽江ノ島家土産《みやげ》』（初編）の出版、江ノ島を画題にした浮世絵の刊行などが相次いだ。

十返舎一九は、『滑稽江ノ島家土産』の初編附言に「道中膝栗毛にならいて、これを編ること」とあり、江ノ島弁才天の開帳に合わせて急遽刊行されることになったため、『東海道中膝栗毛』と似通った内容になってしまったと言い訳をしている。文化六年は正月に『東海道中膝栗毛』八編が出版され、同作が一応の完結をみた年であった。版元が開帳時の売り上げ増を見込んで一九にせかせて書かせた様子がうかがえる。十返舎一九は天保四年（一八三三）の江ノ島下之宮弁財天開帳のときにも『江嶋鎌倉紀行金乃草鞋』を刊行しており、これらも開帳人気を狙ったものと思われる。

平亭銀鶏撰の『江ノ嶋まうで浜のさざ波』（一八三九）は日本橋を起点に江ノ島までの道程を記し、名所・旧跡・名産品・旅籠屋の料金まで載せた本格的な案内書だが、これも開帳年の発刊である。歌川広重の『相州江之嶋弁財天参詣群衆之図』大錦三枚続も嘉永期の江ノ島弁財天開帳に合わせて刊行している。『江島三社弁財天来歴』は江ノ島弁財天三社の縁起などが記されており、寛延二年（一七四九）の総開帳に合わせて刊行されたものだが、人気があったとみえて、文化三年（一八〇六）に再刻している。

江ノ島の絵図は、上之宮蔵版の『江之島金亀山三宮細見図』（一八一五）をはじめ、旅籠屋、絵図屋善兵衛などが版元となり、開帳に訪れる人を目当てに刊行された。これらの絵図は墨摺りの一枚もので、島内鎌倉絵図や金沢絵図に比べるとシンプルである。構図の基本は片瀬側から江ノ島を遠望するもので、島内の建物・名所・旧跡などが描かれており、参詣者向けの実用的な案内図となっている。『江ノ嶋まうで浜のさざ波』には「上之坊より江の島の図をいだす、価二十二文」とある。

このように開帳に群参する人を目当てにさまざまな出版物が出され、いずれも人気を博したのである。

江ノ島弁財天と御師

ところで江ノ島の御師はどのような人たちで、どのあたりの地域に檀那場をもち布教活動をしてきたのだろうか。

御師の中心は別当の岩本院・上之坊・下之坊であり、それぞれ御師として札配りや布教活動をしていた。だが、江ノ島では三坊の御師以外に地元の漁師なども御師として布教活動を行い、講集団などを宿泊させていた。つまり御師には二つの形態があり、江戸初期頃から別々に布教活動をしており、両者はしばしば対立していたのである。

別当のなかでも岩本院は慶安二年（一六四九）三月二十一日に御室仁和寺の末寺に編入され、同年八月二十四日には幕府から朱印状を獲得したことにより、主導権を握っていた。一方この頃、村民御師には参詣者を宿泊させる家が現われ三坊との軋轢が生じていたため、慶安三年、岩本院は村民に対して次の三つの要求を出している。

①村民は弁財天への香花灯明やお供えを行っていないので、これからは香花灯明並びにお供えを常時行うこと。

②村民は本来漁師を職としているはずなのに最近は旅宿を兼業している者があるのでこれ以後禁止すること。

③漁師のなかに、十四、五人の弁財天御師と称する者がいるが、これも禁止すること。

これに対して江ノ島の村民は慶安三年六月二十二日、名主五郎左衛門に上申書を送っている。その要旨は、「弁財天の香花灯明並びにお供えについては古来から村民にそのような習慣はないため、役を課せられる理由はない。旅宿は以前から営んでいることで、これまでも参詣者を泊めているし、営業権もあるのでいまさら禁止される理由はない。弁財天の御札配りや初穂集めなどの御師としての活動も何代も前からやっていることで、今さらとがめだてされるゆえんはない」というもので、三坊の要求を真っ向から突き返している。

岩本院は一山の支配権を確立するために村民の旅宿に弁財天香花などの夫役を命じ支配の枠に組み込も

うとしたが、村民は既得権を主張し、弁財天の恩恵は別当三坊だけでなく、全村民がこうむるべきであるとの姿勢を打ち出したのである。

これに対して同年八月十六日に岩本院・上之坊・下之坊は連署で寺社奉行へ訴状を提出している。訴状は、四、五年前から漁師で旅籠を営む者が四、五軒現われ、多くの参詣者を引き留めるため、宿坊である岩本院・上之坊・下之坊の宿泊者が減少し、経営が困難になっているというものである。

幕府は一方では岩本院を中心とする別当の支配を認めながら、村民の既得権を全く無視するわけにはいかなかった。そこで基本的には村民の旅宿の経営を禁止しているが、大名や高家の人が参詣したときに宿舎がない場合に限り、坊中の許可を得て泊めてもよいとした。つまり厳しい条件つきではあるが旅宿の経営を認めたかたちとなった。また村民御師の札配りは認めながら、一方では弁財天に似合いの奉公をするように命じているのである。

これにより三坊は道中参詣者の宿泊先を指定する権限を得ることになり、別当主体の島内管理が進められていったのである。だが、村民による旅宿の営業や御師の布教が条件つきとはいえ認められたことは、活動が続けられていたことを意味し、居開帳により大勢の参詣者を島に招じ入れたことは、のちにみるように、別当三寺だけでなく、地元の漁師や土産物屋を繁昌させることにつながったといえるのである。

弁財天の講中と檀那場

江ノ島御師は別当である三坊と、島民御師の二つの層から成り立っているが、江ノ島御師の布教活動の基盤となる檀那場も、別当三坊と村民御師の二色に色分けされているのが特徴的である。

御師にとって講中は重要な経済的基盤である。岩本院祈禱檀家一覧（『近世仏教と勧化』鈴木良明作成）によれば、別当の中心であった岩本院は江戸を中心に活動を広げ、江戸の講中を中心に檀那場を占めていたことがわかる。

江戸後期の岩本院における江戸の講中は諸侯・御出入講中・家主講中・町方講中などに分類されている。御出入講中は諸侯に出入りする諸商人により結成された講中で、家主講中は江戸市中の貸家経営者の人々による講中である。町方講中は江戸市中の商人や職人など同業者の人たちが中心となって結成された講中である。講名には、桜講（両替屋仲間）、蠟燭問屋、鮨渡世講中、仕立仲間などの名前がみられ、江戸の商人層の支持基盤が篤かったことがわかる。岩本坊は「田舎口」と称される相模・武蔵・上総・下総など江戸以外の地域にも檀那場をもっているが、その数は江戸市中の三分の一に過ぎず、江戸への布教活動がその中心であったといえる。

一方村民御師もその数を増やし活動を続けていたが、その範囲が江戸市中ではなく、江戸以外の「田舎口」であることが特徴的である。

宝永四年（一七〇七）の「差上申一札之事」は江ノ島名主伊右衛門ほか九九人の島民が江ノ島御師と称して江戸市中での活動をしないことなどを岩本院に誓約したもので、その内容は、

・諸商人があくどいかせぎをしないこと
・渡船場の負越人が法外の賃金を要求しないこと

・賭博や人集めに類する興業をしないこと
・江戸で江ノ島御師と名乗り祈禱をしたり、天女之尊像を携えて布教活動をしないこと
などとなっている。

宝永四年は江ノ島で岩本院の開帳が行われた年である。別当の中で最も力のあった岩本院が、この時点で村民御師の江戸における布教活動を制限したことは、江戸後期に入ってからも江戸市中をほぼ独占的に檀那場としていくことを容易にしたといえるだろう。

なお誓約を誓った九九人中三一名の者の肩書きに「田舎檀那場持」とある。これは三一名の村民御師がすでに「田舎檀那場」に檀那場を持ち、布教活動を行っていたことを意味する。村民御師は江戸での布教活動を制限された代わりに田舎檀那場では特に制限されることなく布教活動を続けていくことができたのである。

弁財天を信仰する人々

江ノ島を題材とした浮世絵には、庶民の参詣者の姿が数多く描かれているが、なかでも、女性による講集団や、旅をする女性の姿を描いたものが多い。ほかに芸人、盲人なども描かれており江ノ島参詣者の特徴をよくあらわしている。たとえば歌麿の画には、正装して弁財天開帳に詰めかける婦人たちの姿が描かれており、なかには子ども連れの女性もいる。

女性が多かった理由は、第一に旅の安全性があげられる。江ノ島へは引き潮の時は島へ歩いて渡ること

ができたし、満ち潮の時も舟で簡単に島へ行くことができた。第二に江ノ島は「絵の島」といわれるほど風光明媚で、しかも魚料理がおいしかったことなど、観光地としての魅力にあふれていた点をあげることができる。また、弁財天が女性の神様であったことも人気の高かった理由のひとつである。

『金光明最勝王経』の説く「河水の能く流れて常にささやき音響を発するが如く」琵琶を持つ天女像は音曲と芸能の守護神でもあった。弁財天を福と音楽の神として、伎芸上達を祈ることは古来から盛んだったが、近世に入ると庶民の歌舞音曲の上達を祈る信仰と合致し、江戸時代を通して芸人たちの弁財天信仰が盛んになっていったのである。ことに文化・文政期には、女性の師匠をリーダーとするいくつもの音曲グループができたため、開帳の際には華やかな音曲の講集団が参詣した。

嘉永年間に描かれた歌川広重の『相州江ノ嶋弁財天参詣群衆之図』の主役は音曲の女講中の人たちである。揃いの傘は講集団の紋で、桜草は富本、三本杵は江戸長唄、三つ柏は清元、角木瓜《かくもっこう》は常磐津と、傘の模様で講中がわかるようになっている。また、江ノ島島内に残る寄進銘を記した金石文には百味講、護摩講などの講中のほかに市村座、中村座、新吉原方面の音曲集団や、演劇と関わりの深い民衆の寄進などがみえ、芸能方面の信仰が篤かったことがうかがえる。

盲人の参詣者が多いのは、五代将軍綱吉の侍医であった検校杉山和一の尽力によるところが大きい。杉山検校（一六一〇～九四）は五歳の時不幸にして失明したため鍼医山瀬琢一の門に入って鍼術を学ぶが、技術がおぼつかず門を逐われてしまう。そこで発憤して江ノ島弁財天に参籠して断食祈願したところ管と鍼を授かり、その後京都に赴き入江豊明に学び技をきわめたという。

郵便はがき

料金受取人払

麹町局承認

6190

差出有効期間
平成15年 1月
31日まで

102-8790

東京都千代田区飯田橋4-4-8
東京中央ビル406
株式会社 同成社
読者カード係 行

ご購読ありがとうございました。このハガキを小社へのご意見・ご注文にご利用下さい。また、ご投函下さった方には今後の出版のご案内をさせていただきます。

お名前《ふりがな》　歳　男・女

〒　TEL

住所

ご職業

お読みになっている新聞名・雑誌名

〔新聞名〕　〔雑誌名〕

お買上げ書店名

〔市町村〕　〔書店名〕

愛読者カード

お買上の
タイトル

本書の出版を何でお知りになりましたか？

イ．書店で　　　　　　　　ロ．新聞・雑誌の広告で（誌名　　　　　　　　）
ハ．人に勧められて　　　　ニ．書評・紹介記事をみて(誌名　　　　　　　　）
ホ．その他（　　　　　　　　　　　　　　　　　　　　　　　　　　　　　　）

この本についてのご感想・ご意見をお書き下さい。

注文書

年　　月　　日

書　名	本体価格	冊　数

★お支払いは代金引き替えの着払いでお願いいたします。また、注文書籍の合計金額（本体価格）が10,000円未満のときは荷造送料として380円をご負担いただき、10,000円を越える場合は無料です。

杉山検校の名声が高まったのは、検校が鍼治療により綱吉の病を治癒してからである。以来江ノ島は将軍家の安泰を祈願する地となった。杉山検校も重用され、元禄五年（一六九二）には関東総検校に任ぜられ、盲人の統率にあたったのである。それまで盲人の職業は音曲が主流だったが、杉山検校はその功績により、盲人が鍼灸按摩を職業とする地盤を築いたといえる。

終生江ノ島を信仰した検校は江ノ島の下之宮社殿を改修し、傍らに護摩堂を建て、弁財天への感謝を込めて江ノ島に三重の塔を建立している。また、江ノ島参詣者の利便を考え、元禄二年頃には東海道藤沢宿から江ノ島への道筋の各地に道標を寄進している。「一切衆生、二世安楽」などと彫られた道標は藤沢の各地に四八基もあったという。検校の貢献により、江ノ島は医術や芸能をめざし、あるいは検校にあやかろうとする盲人や、音曲関係者の信仰を集

広重画『相州江ノ嶋弁財天参詣群衆之図』（３枚のうち２枚）

めたのである。

検校はまた、江戸庶民の弁財天開帳人気の火付け役でもあった。元禄年間に検校は江ノ島弁財天を江戸に分祀勧請（本所一ッ目弁財天）し江戸庶民の人気を集めたが、江戸ではこの後、江ノ島弁財天をはじめ、各地の弁財天の分祀勧請が行われ、弁財天の数が急増したのである。

江戸での開帳はその開催について寺社奉行へ出願許可を得たうえで行うことになっており、長期間（通常六十日間）にわたるものは『開帳差免《さしゆるし》帳』に記載された。一方、短期間の場合は聞き済みという形で正式には記載されなかった。だが『武江年表』には人気のあった弁財天の開帳は短期・長期を問わず記載されており、江戸中期以降さまざまな弁財天の開帳が行われていたことがわかる。

江戸庶民の間ではこれらの弁財天の開帳に合わせて、江戸界隈を中心とした弁財天百社参りと称するものも流行し、多くの庶民が足を運んでいた。『江戸惣鹿子名所大全』（一七五一）には一〇〇社以上の弁財天社が載せられている。『東都歳時記』（一八三八）には、再編成した一〇一社の弁財天社と、さらに番外編として三〇カ所の弁財天社を載せている。

これらは江戸における弁財天人気の盛り上がりを示すものであり、弁財天が江戸庶民にとっていかに親しみやすい存在であったかをあらわすものともいえよう。

江ノ島への道

江戸時代には、藤沢宿から分岐して直接江ノ島へ行ける「江ノ島道」があった。藤沢から江ノ島までは一里九町（約五キロ）である。藤沢宿の大鋸《だいぎり》橋を渡ると、右手が大久保町で、旅籠町と称されるほど旅籠屋が集中しており、高札場もあった。大鋸橋を左へ折れると江ノ島弁財天の遙拝鳥居があり、鳥居をくぐれば江ノ島道で、江ノ島参詣のメインルートとなっていた。

片瀬海岸から江ノ島までは、昔は舟で渡っていたが、建保四年（一二一六）正月の干潮の時にはじめて陸に続いて干潟となった。以来引き潮のときは徒歩で渡れるようになり参詣者も急増したという。『新編相模国風土記稿』には「江ノ島へは退潮の頃は徒行して到る。潮盈れば船用い或いは背負いて渉れり。比間一町あまりあり」とある。潮が引いたときは歩いて渡ることができたが、潮が満ちているときは舟で渡るか、「負越」といって人の肩を借りて渡ったのである。

『東海道分間延絵図』に描かれた
藤沢宿から分岐する「江ノ島道」

宝永四年（一七〇七）に規定された渡船料金は、夏期が片道で一〇文、冬期は同七文。負越料金は深さに応じて膝下一六文、腰下三二文、腰上七二文だった。片瀬州鼻には、干潮や渡舟、負越人足を待つ休憩所があり、これらは江ノ島の三坊（岩本院・上之宮・下之宮）が支配し、江ノ島と片瀬村の住人が従事していた。

そのほか江戸からは、保土ケ谷から金沢道を経て鎌倉から江ノ島へ行く道、また戸塚宿から鎌倉を通って江ノ島へ行く道などがあった。先にみてきた大山も含めて江ノ島・鎌倉・金沢八景などは観光ルートができており、さまざまな道を選択することができたのである。

江戸後期に入り開帳の盛況で参詣者の数が増えると、村民御師の数も旅宿の数も増加し、江ノ島は観光地として発展していった。『江ノ嶋まうで浜のさざ波』によると、当時西町に旅籠屋が一二軒あり、漁師町には三軒、右裏には六軒あった。慶安の段階では四、五軒だったのだから、五倍近くに増えている。参詣者が多くなるにつれて、漁師を営む村民などが一般の参詣者に宿舎を提供したり、茶屋を経営することは一般化していったものと思われる。

江ノ島には講集団も数多く参詣したが、個人的な参詣者も多かった。一般参詣者が増えると講中は基本的にはそれぞれ縁故のある坊へ泊まったが、旅籠屋や茶屋も観光客目当てに賑わいをみせるようになった。なかには宿坊が講中に村民の経営する旅籠を紹介している場合もみられることから両者の間にある程度の提携関係が生じていたことがわかる。

大山詣の帰りに江ノ島へ参詣する場合の指定旅宿も決まっていたようで、たとえば岩本院へはお花講、め組などが宿泊していた。お花講は大山の夏山登拝初日に下社の鍵を開ける役割を担っていたため江ノ島へ宿泊する日も毎年決まっていた。また旅籠さぬきやは富士講・大山講の指定宿となっており、江戸の火消し「め組・せ組・は組」などの職人が多く宿泊した。

　紀行文からも当時の旅籠屋や茶屋の様子をうかがうことができる。『富士大山道中雑記』（一八三八）では甲州府中の住人一行が富士山・大山を登拝した後江ノ島に向う。江ノ島では、橘屋武兵衛のところへ荷物を預けた後、島内を見学し、同所へ宿泊している。この武兵衛という人は旅宿を経営しながら御師と名主役も務めている。旅宿で出された料理や魚は新鮮で風味も格別によく、二階座敷からの海原の見晴らしもよいと感想を述べている。

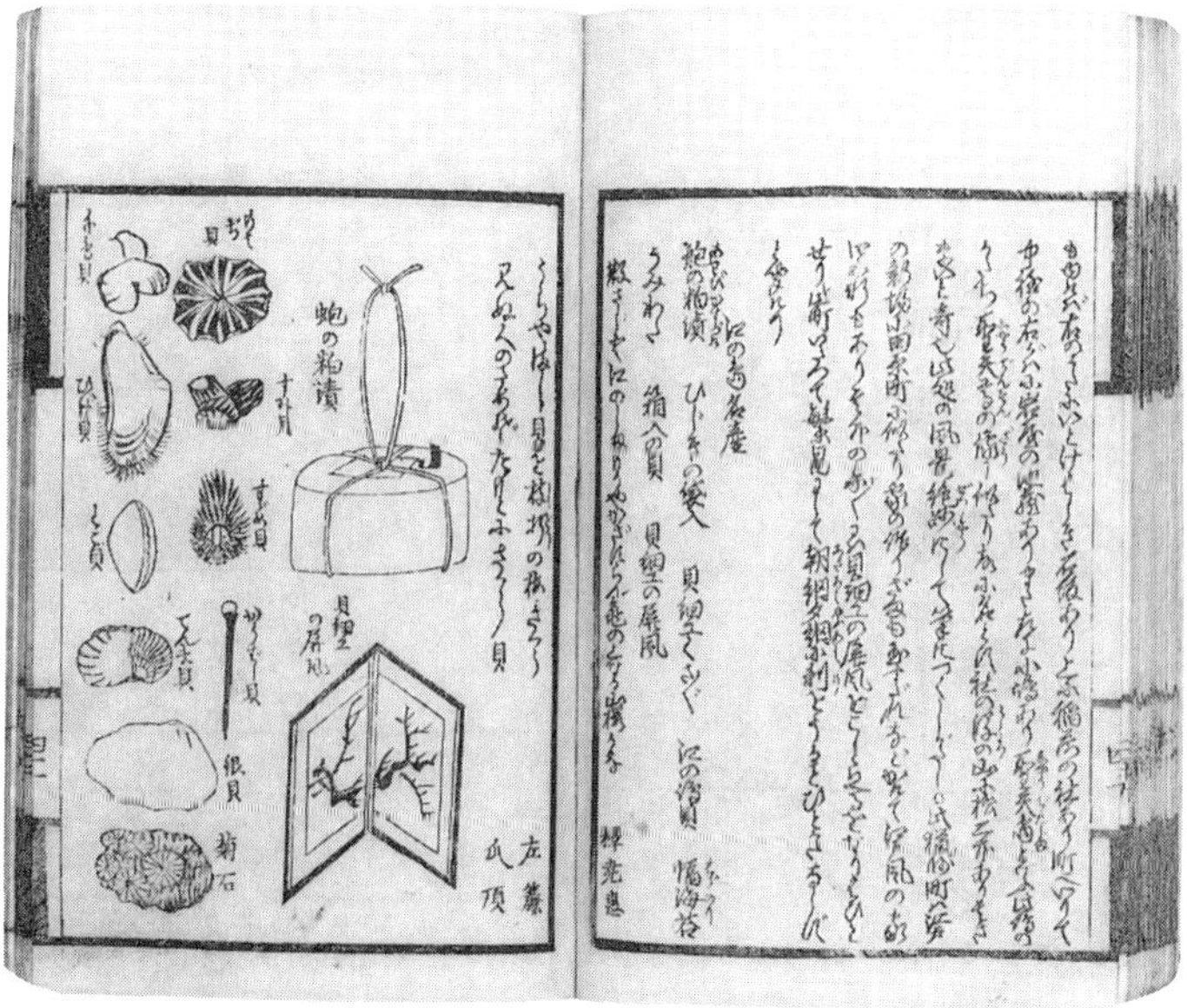

江ノ島名産の数々（『江ノ嶋まうで浜のさざ波』より）

また一行は茶屋で休んでいるが、「茶屋があちこちにあって、どの店にも遠目鏡がある。相州三浦三崎そのほか七里ケ浜などを眼下に見下ろすことができるし、漁船や鮑取りの舟などもあって、素晴らしく景色のよいところだ」と絶賛している。漁師が賃金をもらって海中へ飛び込み鮑をとることなども行われており、「鮑とり」も江ノ島名物のひとつになっていたことがわかる。本宮岩屋内には弁財天をはじめ大日如来、大黒天などが祀られ「タイナイクグリ」も行われていた。岩屋にはたいまつを持つ案内人がいて、料金は一二文だったとある(『江ノ嶋まうで浜のさざ波』)。

江ノ島ならではの観光の楽しみと賑わいぶりが伝わってくるようである。

第二節　鎌倉寺社めぐり

近世初期の鎌倉

中世の一時期には武家政権の中心地として栄えた鎌倉は、戦国時代に入ると寺社も次第に衰微し、近世には「坂東の一寒村」となり、往時の面影は失っていた。そのため近世初期に鎌倉を訪れる人は鎌倉の歴史に深い関心を持つ知識人などが中心だった。近世初期の鎌倉の荒廃ぶりは、この地を訪れた知識人、なかでも中世に栄えた鎌倉五山の変わり果てた様子を記した紀行文などで知ることができる。

鎌倉のおもな禅寺の五山が正式に定まったのは足利義満の至徳三年(一三八六)のことで、その順位は建長寺を第一とし、以下円覚寺・寿福寺・浄智寺・浄妙寺となっていた。『鎌倉巡礼記』は臨済宗の僧である沢庵和尚が寛永十年（一六三三）に鎌倉五山の焼香巡礼に訪れた時のものである。「五山第一の建長寺は住む人もなく、夜は狐狸のすみかとなっていた。浄智寺も仏殿の本尊がやぶれくずれ荒れ果てた有り様で寿福寺には方丈もいなかった」と、その荒廃ぶりを嘆いている。『鎌倉紀』（一六八〇）を書いた自住軒一器子一行は朝比奈の切通しから入るが、「大蔵ケ谷・大御堂・二階堂（永福寺）あたりはみな麦畑で雪之下まで家はなかった」と記しており、観光地のイメージとはほど遠い鎌倉が語られている。

鶴岡八幡宮や主要な寺院には、小田原北条氏支配の頃から造営費や領土の寄進があり、徳川氏が関東に入国してからも朱印地の寄進や社殿の再建も行われたが、都市として復活するまでにはかなりの時間を要したのである。

だが古都鎌倉の歴史を綴った書物は江戸初期から発行されていた。また徳川家康やその一族が鎌倉に関心を示したことは、庶民にも鎌倉の存在を再認識させるきっかけになったともいえる。

鎌倉の英勝寺は家康の愛妾のお勝の方（英勝院尼）が寛永十三年（一六三六）に建立した寺である。開山以来、水戸家息女を住持に迎えたため「水戸御殿」と呼ばれた。『鎌倉日記（徳川光圀歴覧記）』は水戸藩主徳川光圀が金沢・鎌倉方面の史跡・名勝を訪ねた時の記録である。

光圀は延宝二年（一六七四）四月末に水戸を出発し、五月二日に上総から船で金沢に渡り、英勝寺を宿所として七日間にわたり金沢・鎌倉・江ノ島の旧跡を訪ねている。鎌倉五山では建長寺と円覚寺の二寺だけが五山の面影を残すとしているが、単なる紀行文ではなく史跡調査がその中心となっているところが特徴的である。これらの現地調査をもとにして水戸藩の士官の手により鎌倉の地誌としては最も詳細な『新編鎌倉志』(一六八五)が編纂された。

また三浦浄心の『名所和歌物語』(一六一四)は和歌の舞台となった諸国の名所を巡拝する諸国見聞記だが、鎌倉も古くから和歌の「名所」として歌われた地として取りあげている。

江戸初期に鎌倉を訪れた知識人は、『吾妻鏡』『太平記』『万葉集』『従然草』などの多くの古典を読んでいた。『太平記』で知られた護良親王の土牢、『十六夜日記』の著者阿仏尼の屋敷跡など、歴史に書かれた名所・旧跡を自分の足で歩き、遺跡を探ることを大きな楽しみとしていたのである。

鎌倉寺社の開帳

鎌倉は金沢や江ノ島にも近く史跡が豊富でみどころも多かったが、庶民が気安く訪れるようになるのは江戸中期以降である。この頃には江戸で鎌倉寺社の開帳が盛んに行われるようになった。

江戸初期、徳川家とゆかりのある寺社は優遇を受けたが多くの寺社は朱領も少なかった。鎌倉は幕府直轄領で総高一六〇〇貫文余、寺社領は一三〇〇貫文余りだが、そのうち鶴岡が最大で八四〇貫と総高の半分以上を与えられており、一〇〇貫文前後は建長寺・円覚寺・東慶寺の三寺だけだった。なかでも東慶寺は家康の曽孫の天秀尼が住職だったため別格の一二〇貫文余りが与えられていた。だが、ほかは古刹の有名寺社であっても一〇貫文にも満たないものばかりであった。なかには大名家や上級武士が自領外の鎌倉で寺院運営を援助することもあったが、多くの寺社は自力と檀家・氏子の援助が中心であったため、寺社の修復や維持には困難をきわめたのである。

こうしたことから江戸中期以降は鎌倉寺社による勧進・開帳が盛んに行われるようになる。近世の鎌倉寺社は戦国時代に受けた疲弊の度合も大きかったが、その後も火災・大風などたびたび災害に襲われた。開帳の理由と目的もそのほとんどが諸堂舎の大破に対する修復・再建の助成のためである。

近世を通じて江戸で行われた出開帳は四四一寺、延べ七四一回だが、そのうち相模国は四七寺社、八六回である。さらに相模国のなかで鎌倉市域の寺社を見てみると、二五寺社、四〇回あり、相模国寺社数の五三％、回数でも四六％を占めていることがわかる。鎌倉の総寺社数が多いことを差し引いても、いかに鎌倉寺社が江戸開帳に熱心であったかがわかる。

また、開帳四〇回のうち二回以上のものをあげると、鶴岡八幡・妙法寺が各六回と最も多く、杉本寺・光則寺が各四回、妙本寺・長勝寺が各二回となっている。出開帳は必ずしも成功するとは限らないが、反復開帳をしている寺社が多いということはある程度成果があったというあらわれである。

ではなぜ、江戸での開帳が成功したのだろうか。

第一には、先にみてきたように鎌倉の古寺、名所・旧跡は多くの書物に紹介されており、江戸庶民にもなじみがあり、受け入れられやすかったことがあげられるだろう。

各寺社は古典に登場する秘仏や秘宝を数多く抱えていた。たとえば鶴岡八幡宮の開帳（大明二年・文政十二年・於深川八幡社）に出品された「源頼朝公守本尊　髻《もとどり》観世音」は頼朝が治承四年（一一八〇）の石橋山の戦いのときに髻の中に結び込めていた丈一寸二分の観音像である。『吾妻鏡』のなかに登場する仏来の像であり、『吾妻鏡』を読んだことのある人なら御利益を感じられるような宝物であった。こうした机上の知識の延長線上にある秘仏との対面は庶民の話題を呼び、人気を高めたものと思われる。

第二に、多くの寺社が本所・深川・浅草といった、江戸庶民に人気があり最も人が集まりやすい場所を開帳場所に選んでいた点があげられるだろう。

第三に、観音霊場札所の寺社の開帳が多かったこともあげられる。近郊への旅と合わせて江戸中期以降は観音信仰の霊場めぐりも流行したが、鎌倉には『坂東三十三所観音霊場札所』のうち四カ所があった。これらの寺社の開帳は庶民にとってはありがたいものとして受け止められたことだろう。なかでも第一番札所である杉本寺は宝永・明和・安永・文化の間に四回の開帳を行い、いずれも本尊十一面観音像三体を公開している。

安永四年（一七七五）には、杉本寺のほかに、岩殿寺（第二番札所）、光明寺（第七番札所）、宝戒寺（杉本寺・光明寺を支配する中本寺）の相模国近隣の三カ寺が加わり四カ寺が揃って明王院で開帳を催しているが、これも札所人気にあやかった合同開帳であったことが想像できる。このように江戸での開帳を成功させるために寺社はさまざまな努力を払っていたのである。

ところで開帳を行った寺院を宗派別にみると、日蓮宗が一七回、鶴岡八幡系が六回、天台宗五回、浄土宗四回、真言宗三回、律宗二回、臨済宗・時宗・神社が各一回となっており、日蓮宗が圧倒的に多い。鎌倉は日蓮聖人の霊地であり、寺院も多いが、なかでも光則寺（四回）、妙法寺（六回）、妙本寺（二回）、長勝寺（二回）など多くの寺院が反復開帳を行っている。いずれも日蓮の霊跡のある寺院だが、朱領は少ない。妙本寺にいたっては本山であるにもかかわらず一貫二〇〇文しか与えられていない。だが、こうした寺院では多くの霊仏や秘宝があり、江戸にも多くの信者がいた。つまり確実な支持基盤である信者からの寄進を目的として開帳が行われたといえる。

開帳をきっかけに、江戸中期以降の寺院の造営復興の支援層は、大名や武士から末寺と江戸町人へと移っていったのである。

鎌倉絵図と鶴岡八幡宮

鎌倉の観光地としての人気を支えてきたのは有力寺社や旅籠屋など地元の力によるところが大きい。江戸後期には在地出版による「鎌倉絵図」「案内記」などが数多く発刊され、話題を呼んだのである。

鎌倉が復興を遂げはじめ庶民の遊覧が盛んになると、参詣者を目当てにしたさまざまな商売が成立した。なかでもロングヒットともいえるのが、在地出版人による「鎌倉絵図」の刊行である。

「鎌倉絵図」は一枚の紙の上に鎌倉の寺社仏閣およ

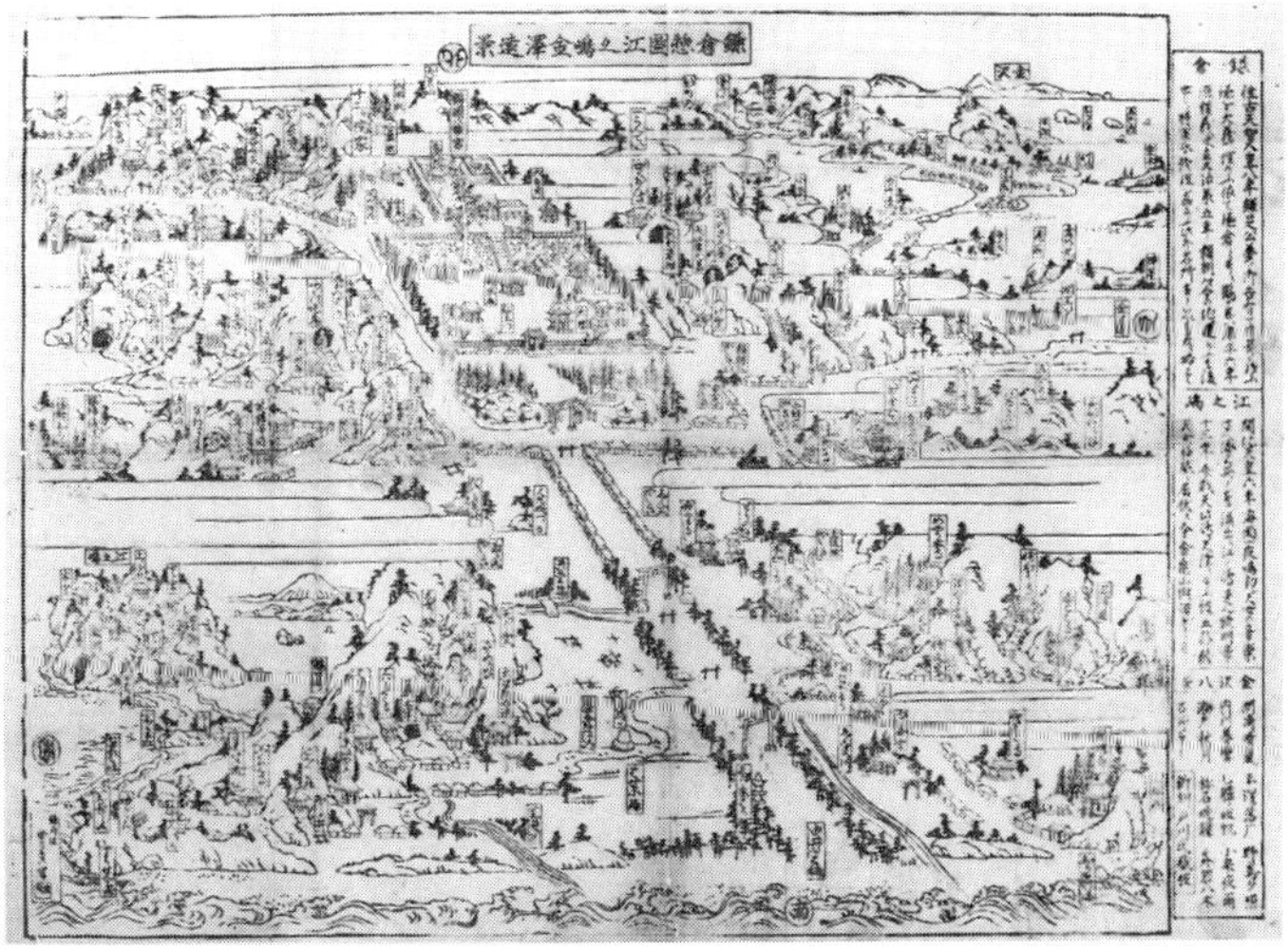

初期の鎌倉絵図

び名所・旧跡などを描いたガイドマップである。初期のものは明暦・万治（一六五五〜六一）頃に京都や江戸で出版された。判型は横図で江ノ島や金沢八景などを含めた構図になっている。これを見習って延宝年間（一六七三〜八一）頃から鎌倉の鶴岡八幡宮近隣の旅籠屋などが絵図を刊行するようになった。

鶴岡八幡宮の創建は治承四年（一一八〇）である。源頼朝は源氏の氏神、関東武士の支えとして鶴岡八幡宮を篤く信仰してきたが、源氏の系統を引くという徳川氏もこの古社に対し多くの社領を寄進し、社殿の再建なども行ってきた。こうした影響から、鎌倉の地誌や案内記も鶴岡八幡宮を中心とした構成になっているのが特徴的である。

いわゆる在地出版による「鎌倉絵図」は墨刷りの木版で、鶴岡八幡宮を中心とした縦図の構成になっている。縦図のなかに鎌倉一三カ村に散在する名所・旧跡、寺社などを描きこみ、鶴岡八幡宮には六分の一以上の面積を割いており、「鎌倉絵図」といえばこの在地物を指すほど主流になっていく。最大の特徴は発行年代の新旧にかかわらず、どの絵図もこのパターンを踏襲していることである。細部における変化や差異はあるものの、幕末の安政に至るまで全体の構成にもほとんど変化がみられない。

さらに江戸後期の縦図にはどの板元のものにも「御免鶴ケ岡総画図、不許翻刻」という文字が記されているのが特徴的である。つまり鶴岡八幡宮の許しを得て刊行した絵図であるため、翻刻は許可しないというわけである。

近世に鎌倉で刊行された絵図は五〇種類を超えると推定されており、板元はほとんど雪之下、小町に集中していたが、板権は移り変わっている。初期の縦図（延宝から元禄・宝永頃まで）の板元である松尾・

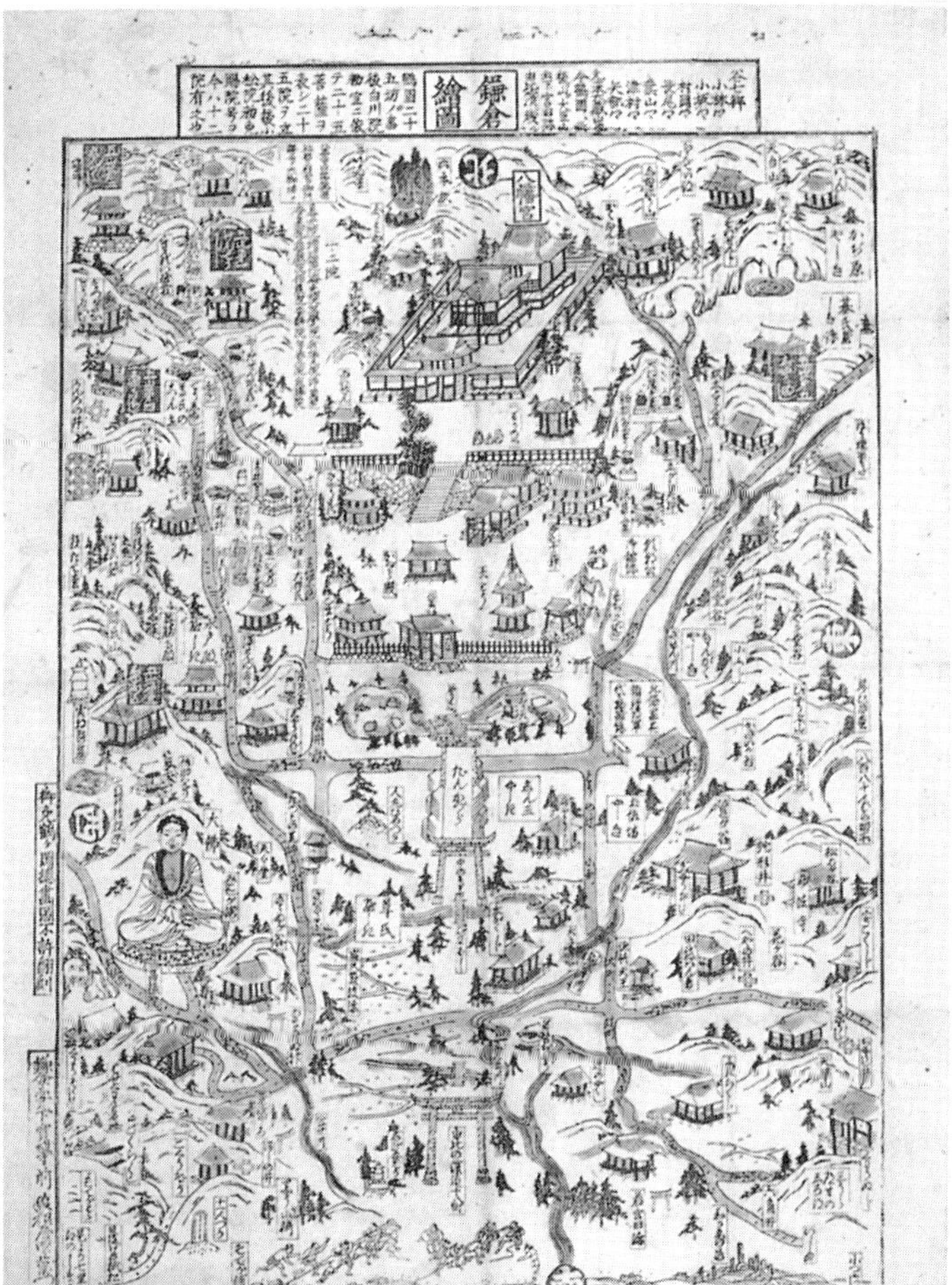

江戸後期の縦型の鎌倉絵図

斉藤・鈴木などは、鶴岡八幡の門前町雪之下で旅宿を兼業する八幡宮の社人または供僧坊十二院の目代であった。ところが享保頃から社人系統の板元の名は消え、大坂屋、常陸屋、屋根屋など、社人以外の町方板元だけの刊行となり、さらに後期の鎌倉絵図には「御免……」の文字が記されるようになる。

このような板権の移り変わりについて、澤寿郎氏は「八幡宮の門前町である雪之下在住の町人板元は、初めは社人板元との間の契約で絵図を刊行していたが、後には八幡宮の〝御免〟を受け出版権を専有するに至った。雪之下地区内の板元たちは、鶴岡八幡宮に冥加金または上納金を納める義務を負う代わりに、〝不許翻刻〟によって共通の権益を守り、他地区の者の模倣刊行を禁断したのであろう」と推測している（『鎌倉古地図・紀行　鎌倉古絵図篇』東京美術）。いずれにしても縦図に関しては様式、出版など、鶴岡八幡宮の統制を受けていたものであったといえよう。

鎌倉絵図と案内人

図によって多少の違いはあるものの、鎌倉絵図に盛り込まれた名所はおよそ一〇〇カ所にのぼる。これは鎌倉が豊富な名所・旧跡を抱える地域であったことの証しであり、鎌倉絵図はこうした一般の参詣者や、札所めぐりの巡覧者の需要を見越して刊行されたのである。

地元が板元であることのメリットは絵図に掲載される名所の位置や表記の正確さである。京都や大坂で出版されたものには誤記がみられることから、地元でなければ詳細な地図をつくることはむずかしかったものと思われる。

絵図の販売については、当初は雪之下で旅宿を兼業していた社家そのほかの鶴岡関係の人たちが、宿泊客に自家板あるいは仲間のつくった絵図を売っており、その場所も絵図の板元が集中していた雪之下や宝戒寺前が多かった。だが、町方旅籠による出版活動が盛んになると、絵図は案内人を通して売られることが多くなった。

江戸後期になると寺社の境内などで「鎌倉絵図」が売られることは一般化し、案内人をたてて観光案内をする光景もみられるようになる。案内人は地元の村人である。彼らにとっては農閑期や不漁の時などの駄賃稼ぎとして格好の仕事であった。村人は案内の仕事を増やすために、旅客が多く集まる雪之下の旅籠と結びつくことが必要であったし、旅籠側も客の要望に応えて随時案内人を派遣するためには、村人を専属的に抱える必要があった。こうして両者は次第に結びつき、江戸後期には案内人の手により絵図が売りさばかれるようになったのである。

さて、鎌倉においては雪之下以外に絵図の販売で有名な場所があった。それは、袖ケ浦の茶屋である。袖ケ浦の茶屋は七里ケ浜から極楽寺村へ入る角にあった。袖ケ浦には山本と高橋という茶店が並んでおり、それぞれの店が絵図を売っていた。ただ絵図を売るだけではなく、あれこれと講釈をしながら売るのが評判になっていたらしく、多くの紀行文が袖ケ浦の茶屋について記している。十返舎一九の『箱根七温泉江之島鎌倉廻金草鞋』（一八二二）には「浜辺より鎌倉道入るところに茶屋あり、此処にて鎌倉の絵図を出し講釈してこれをあきなう」とあり、絵図の値段は一二文だったとある。

山本では自分の店で売る絵図には「七里カ浜入口山本」という竪判を捺印していた。高橋では自家板の

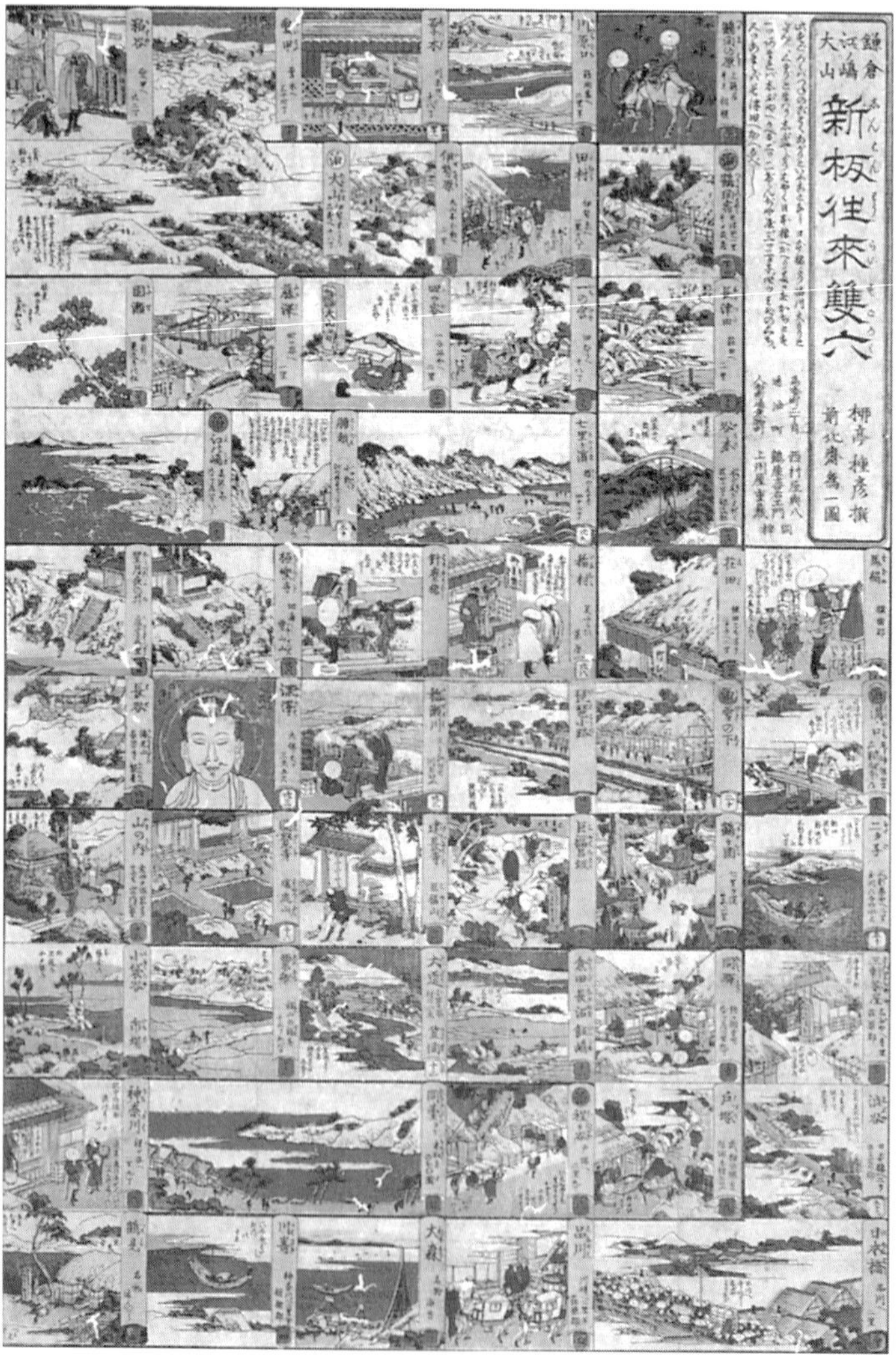

葛飾北斎『鎌倉江ノ島大山　新板往来雙六』

「鎌倉七里ヵ浜海上之真景」という細い横図を出していた。絵図には七里ケ浜から見渡した江ノ島や伊豆大島、三浦半島などが描かれ、左には鶴ケ岡、江ノ島、藤沢などへの里程も記されている。七里ケ浜は江ノ島への入口でもあったため、これは江ノ島へ向う人のためのマップでもあったようだ。

この時期浮世絵にも鎌倉は描かれているが、鎌倉市街や寺社より、七里ケ浜を題材にしたものが目立つ。七里ケ浜の片道には茶屋が並び、そこでひと休みしながら、鎌倉の海を眺めることも観光の楽しみのひとつだったのである。

天保四年（一八三三）頃のものとされる葛飾北斎の『鎌倉江ノ島大山　新板往来雙六』は日本橋から神奈川、戸塚を経て鎌倉へ出、江ノ島、伊勢原、大山へ廻り、鶴間、溝口を通って渋谷へ出るという相州巡りの双六である。全部で五二画のうち鎌倉の領域は山ノ内、円覚寺、建長寺、巨福呂坂、鶴ケ岡、雪之下など一八区画に及んでいる。稲村の部には、「足あらひ茶や　おやすみなさっていらっしゃい　かまくら名所のゑづをおかひなさい　ぺちゃくちゃ、ぺちゃくちゃ」とあり、こうした光景が絵になっていたことがわかり興味深い。

鎌倉のガイドブック

ところで、鎌倉のガイドブックにはどのようなものがあったのだろうか。簡単なものとしては「鎌倉絵図」の板元である雪之下付近の旅籠屋が小冊子『鎌倉案内記』を刊行していた。鎌倉の来歴・鶴岡八幡宮・将軍大名屋敷跡・寺社仏閣などいくつかの項目を列挙した概説本で、絵図とセットで購入するケースも多かったと思われる。

本格的なものとしては中川喜雲の『鎌倉物語』（一六五九）がある。全五巻からなる鎌倉の名所・旧跡案内書だが、この本は人気があり、元禄十三年（一七〇〇）、享保二十年（一七三五）、宝暦二年（一七五二）とたびたび版を重ねて刊行された。

第一巻は「鶴岡よりにしきたの名所」、第二巻は「鶴岡より西南の名所」、第三巻は「鶴岡よりひかし南の名所」、第四巻は「鶴岡よりひかしの方の名所」、第五巻は「鶴岡よりひかしきたの名所」となっている。鶴岡八幡宮を中心に鎌倉を五地域に区分し、各地域ごとに寺社旧跡を案内する形をとっており、さらに鎌倉市街や、江ノ島・金沢まで網羅している。

鎌倉は江ノ島や金沢への中継地ともなっているが、鶴岡八幡宮を中心とした東西南北の道がそれぞれの観光地へと通じていることも大きな特徴といえる。北西には建長寺、円覚寺、東慶寺があり、東海道戸塚宿へと通じて

広重画『朝比奈切通しの図』

いる。東には光触寺、浄妙寺、報国寺、杉本寺などがあり、金沢道へと通じている。南西には長谷の大仏、長谷観音、光則寺などがあり、この道は江ノ島を経て東海道藤沢宿へつながっている。南には光明寺、安養院などがあり、逗子から三浦方面への道へと通じていたのである。

参詣者は東海道からは戸塚宿を経て鎌倉入りした。金沢八景を観たあとなら、金沢道を通り朝比奈の切通しを経て鎌倉へ入り、鎌倉寺社巡覧のあとは江ノ島へ向った。江ノ島からは反対のコースをたどる。

鎌倉はこのように江戸近郊の観光地の中間地点として便利な場所にあった。江戸後期になると鎌倉は古都としての人気だけでなく観光地としても人気が高まるが、これはやはり、近くに江ノ島、金沢八景などの名所があり、さまざまな名所を巡覧できる多くの道が開けていたからである。

鎌倉と金沢の組み合わせは江戸初期から文人墨客に人気のあったルートだが、江戸中期以降はこれに江ノ島や大山を組み合わせたり、さらに箱根まで足をのばす旅人も散見するようになる。

『東路の日記』（一七六七）は作者不明だが江戸の富裕な婦人の紀行文である。数人の男女をお供に金沢、鎌倉、江ノ島、箱根を遊覧している。朝比奈の切通しから鎌倉に入り、旅籠屋の並ぶ雪之下で宿をとるが、雪之下の賑わいぶりから鎌倉の復興の様子がうかがえる。鶴岡八幡宮に詣でると案内をするという老人がいる。建長寺では山門を再建中だったため、浄智寺、円覚寺、光明寺を見学し、由比ケ浜を経て、長谷の観音、深川の大仏に詣でている。長谷観音は札所のひとつだが、高台で眺望が良かったため旅人の休憩場所にもなっていた。

『富士大山道中雑記』（一八三八）の一行は江ノ島から鎌倉に入り、七里ケ浜の風景に感動する。袖ケ浦の茶屋では鎌倉絵図と名所記を販売しており、茶屋の婦人が絵図の講釈をしている。ここで一行は鎌倉見物の案内人を雇っている。大仏参詣、長谷観音、八幡宮参詣のあと、五山第一の建長寺、二位の円覚寺などを巡覧したあと、浄智寺などのほかの五山には立ち寄っていない。その時の感想として、「絵図や名所記でだいたいどんなところか察しがついたから」と述べており、あらかじめ絵図や名所記を読むことでポイント観光をしたことがわかる。

鎌倉は寺社が多いため、一日ですべてをめぐるのはむずかしい。絵図や名所記はポイント寺社めぐりにも大いに役立っていたといえるだろう。また、松ケ岡の東慶寺は尼寺で男子禁制だがこの日は観音像が開帳されており、男子も許されていたため参詣している。

寺社の臨時開帳に出くわした旅行者もいた。『鎌倉日記』（一八〇九）は江戸の富裕な商人扇雀亭陶枝一行の遊覧記である。極楽寺では開帳を行っており、本堂には

北尾政美画『相州江嶋風景　由井浜地引網之図』

本尊を現し、宝物を飾り、奥の山には高野山をかたどっていた。一行は長谷へ行く道すがら、極楽寺の高野山開帳へ行く老若男女大勢が着飾った姿に出会う。

八幡宮の赤橋の脇には出茶屋があり、孔雀をみせていたこと、巨福呂《こぶくろ》坂では大きな猿のいる猿茶屋があったこと、お寺では金を納めれば秘仏を開帳してくれたことなどが記されている。寺社参詣のあとには由比ケ浜に出て、漁師に地引き網を引かせ、自分たちも地引き網を体験したりしている。黒鯛、いか、いしもち、かになどがかかったとあり、それらの魚を料理して酒などをくみかわしている。ここには江戸初期とはまったく趣きの異なる観光地化した鎌倉の姿をみることができるのである。

第三節　金沢八景遊覧

鎌倉の東の要衝・金沢

山と入海が織りなす変化に富んだ海岸線、海上に点在する大小の島や岩々……。金沢の景観美は中世から知られていたが、近世には鎌倉の案内記に紹介されたことで、鎌倉と一体化した名勝地として有名になった。江戸中期に、いわゆる「金沢八景」が有名になってからは庶民が多く訪れるようになり、能見堂、金龍院などの寺社による絵図や案内記、浮世絵なども数多く刊行されるようになるのである。

金沢は武蔵国久良岐郡に属し、中世には武蔵国六浦荘といわれ、鎌倉の外港として栄えた。金沢の中心である六浦は鎌倉時代後半には金沢北条氏が配された鎌倉の東の要衝であり、六浦～鎌倉は江戸湾内外の水上交通・水上輸送の主要なルートだった。

鎌倉後期には六浦荘の中心部から金沢郷への通路を開くために瀬戸橋が架けられた。これにより瀬戸橋の内側は、十九世紀に干拓が行われるまでは瀬戸内海（近世には内川入江）と呼ばれ、称名寺の広義の境内として殺生禁断令が発せられ、漁業生産の場とはならなかった。金沢北条氏は入海を隔てた金沢郷に本拠を置き称名寺や金沢文庫を創建するなど文化的な価値を高めた。

一方野島の南側を廻る水道から瀬戸神社までの平潟湾は六浦湊として鎌倉への輸送基地の役割を果たし、鎌倉幕府滅亡後も足利氏鎌倉公方が重視したり、室町幕府の重臣が支配するなど鎌倉の要衝の一角を占めていたのである。

『吾妻鏡』によれば、鎌倉五代将軍頼経は安貞二年（一二二八）六浦を遊覧し、その二年後には六浦から三浦遊覧を行っている。十四世紀初頭には金沢氏と親交のあった兼好法師が来遊し一時は庵を構えており、中世から景勝の地としても知られていた。

鎌倉後期には鎌倉五山の禅僧がしばしば金沢を訪れ、中国の禅の拠点のひとつであった杭州西湖と金沢の風景の類似を詠むことが行われるようになった。そして近世に入ってからも、金沢は鎌倉とともに文人墨客が訪れる地として定着していくのである。

金沢八景の成立

江戸時代に金沢の景観を記した古い例としては、三浦浄心による『名所和歌物語』（別名『巡礼物語』）

がある。金沢の名所を詠歌調にうたいあげ、中国の瀟湘八景にならい金沢の地名を名指した最も古い例である。近世初期の八景は瀟湘八景に当てはめて詩に詠まれることが多く、その位置も流動的だった。

八景の地を決定づけたのは元禄七年（一六九四）に当地を訪れた杭州西湖生まれの中国僧の東皐心越である。心越禅師は金沢の風景が「浙江」つまり杭州西湖と類似していることに感銘を受け、能見堂の僧に導かれて金沢の風景に故郷を思いつつ八景を吟じた。ここにおいて八景の位置が固定されたのである。

明僧・東皐心越が能見堂からの眺望により詠んだ八景は、「州崎晴嵐《すさきのせいらん》　瀬戸秋月《せとのしゅうげつ》　小泉夜雨《こいずみのやう》　乙艫帰帆《おっとものきはん》　称名晩鐘《しょうみょうのばんしょう》　平潟落雁《ひらかたのらくがん》　野島夕照《のじまのせきしょう》　内川暮雪《うちかわのぼせつ》」である。後に詳しく触れるがこの八景の地名の決定が能見堂版案内図の刊行を促すきっかけともなった。

金沢八景に江戸庶民が訪れるようになるのは江戸中期の元禄年間（一六八八〜一七〇四）頃からで、人々に広く知られるようになったきっかけのひとつとして近世初期の鎌倉案内記の流布があげられる。中川喜雲の『鎌倉物語』（一六五九）や、『新編鎌倉志』（一六八五）などのなかに金沢八景も紹介されていたからである。

『鎌倉物語』に紹介された八景は、位置が固定される以前のもの（三浦浄心が詠んだ八景）を継承しているが、八景の名を知らしめるには十分効果があったと思われる。

『新編鎌倉志』には、次のような凡例が載せられている。

　金沢は武州六浦荘なり。而して相州鎌倉郡にあらず。しかれども昔時、平実時・顕時等が此に居して以来実に一郷の如し。且地理相接して景勝れて秀美也。よって間人墨客、鎌倉を過れば必ず金沢に游ぶを壮観とす。故に今併記し、共に鎌倉志と曰ふ。

鎌倉の案内記ではあるが、鎌倉の外延として歴史のある金沢を含めるとしており、これ以降金沢の名所案内には『新編鎌倉志』の凡例が謳い文句として掲載されるようになる。このように江戸初期においては、金沢は鎌倉の一部として認識されていたのである。

鎌倉雪之下の旅籠屋版の『鎌倉名所記』にも金沢が載せられているが、金沢の絵図も十七世紀後半までは鎌倉の在地出版によるものであった。代表的なものが鎌倉雪之下の旅籠屋の刊行による『金沢之図』で、案内図的要素が強いのが特徴である。図のなかには八景の名が配されているが、中国の瀟湘八景の名であることから心越禅師の八景が固定される前、すなわち元禄七年（一六九四）以前の刊行であることがわかる。

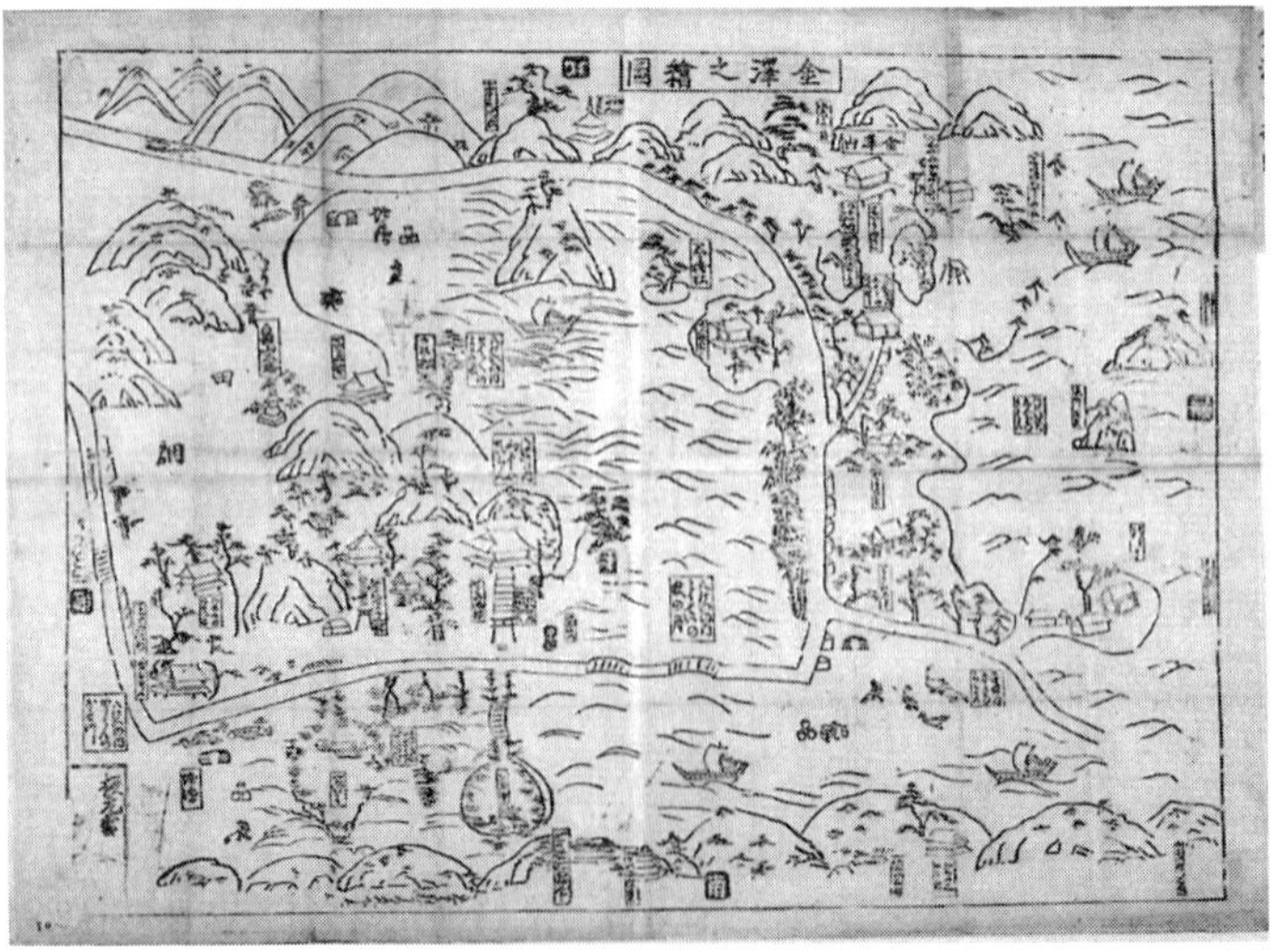

雪之下籠屋の刊行した『金沢之図』

金沢八景の配置や名称が固定したことで、能見堂や金龍院の八景絵図が刊行されるようになるが、ここで注意を要するのは、「内川暮雪」については能見堂と金龍院（九覧亭）とでは解釈が異なるという点である。これは二つの景観地からの眺めの相違による。能見堂は、内川入江、すなわち瀬戸橋の奥の入江全体の雪景を「内川暮雪」と解釈したのに対して、金龍院は瀬ケ崎の海岸から九覧亭の岬にかけての平潟湾の雪景を「内川暮雪」と主張したのである。

十八世紀以降、金沢八景観光が庶民の間でも盛んになると、絵図や案内記も現地で刊行されるようになっていく。

金沢には八景を眺めるのに景観のすぐれた場所が何カ所かあったが、なかでも江戸初期から有名だったのが、能見堂と金龍院の裏にあった九覧亭だった。次に二つの景勝地と出版物の特徴をみていくことにしよう。

金沢八景を遠望する能見堂

心越禅師が詩に詠んだことで有名になった能見堂は、江戸時代初期には一辻堂にすぎなかった。能見堂が景勝地として有名になった理由の第一は、寛文二年（一六六二）から同九年（一六六九）の間に、当時の領主久世大和守広之が江戸芝増上寺の子院（廃院）を引き移して再興したことによる。能見堂は地蔵菩薩を本尊とする山中の小さな堂だが、金沢の入海を最も奥深いところから一望できる地点にあった。ここからの眺めの良さはたちまち評判となり、多くの観光客が訪れるようになったのである。

第二に能見堂が金沢と鎌倉を結ぶ観光巡りの要所に位置していたことがあげられる。保土ケ谷宿から金沢、鎌倉を結ぶ「金沢道」（保土ケ谷―蒔田―上大岡―中里―能見堂―称名寺―瀬戸―朝比奈―鎌倉）の途中にあり、観光途中の休憩所としても最適な場所にあったのである。

遊覧者は山道の途中の能見堂で一服し、画工巨勢金岡が絵にも描けない美しさで筆を捨てたという逸話のある擲筆《ふですて》松の下の展望所から入海や瀬戸橋、野島・烏帽子島・夏島・猿島と続く島影を遠望した。歌に詠まれた風景を堪能したあとは心越禅師の扁額を鑑賞したのである。

『江戸名所図会』の「能見堂擲筆松」は、十九世紀前半の能見堂の様子を描いたものだが、境内には固定された遠目鏡が置かれ、旅人が覗いている。肉眼で眺望するだけでなく遠目鏡で景色を眺めることは観光客の楽しみでもあったようで、江戸後期に金沢の能見堂を訪れた人の紀行文に散見する。

金沢を訪れた菊地民子（『江ノ嶋の記』）は能見堂で遠目鏡を借りてこんな感想をもらしている。

遠つ目鏡といへるして、遠なる海山のさまを目にちかくうつして見するあり。目鏡かりえて人みな目にさしあてなどす。ここかしこの浦はのけしきさやかに見えわたりて海士の塩やく煙なんとのほの立わたりたつるもいとめづらしくかえすがえすもあかぬながめなり。

能見堂では遊覧客向けに心越禅師の書や絵図を開板し、販売も行っていた。また、紀行文には能見堂の僧の案内について記したものもあり、能見堂の僧がガイドを行い、案内料をとっていたことがわかる。

能見堂版の最も古い絵図は縦長の『八景安見図』で、最初は略図的なものだったが、少しずつ形や名称を変えて版を重ねた。

『能見堂版八景之図』は中心部に瀬戸の入海と平潟湾を大きく描き、北端に能見堂を配しており、能見堂から八景を見下ろす視点で描かれているのが特徴的である。そのために縦型の構図を用いている。能見堂はそもそも高所から風景を眺望して楽しむという場所であったため、『鎌倉絵図』のように持ち歩いて使用するというよりは、図を広げて、歌に詠まれた八景の場所を確認するためのものだった。そのため徐々に案内絵図的な性格は影をひそめた。文政十年（一八二七）の『武州金沢擲筆山地蔵院能見堂八景之画図』と題した風景地図へ変化し、天保七年（一八三六）版に至り、江戸の浮世絵師に作画を依頼したことで、風景画的鳥瞰図という性格を強めたのである。

『江戸名所図会』には「能見堂より平臨するところの図なり」として能見堂から一望

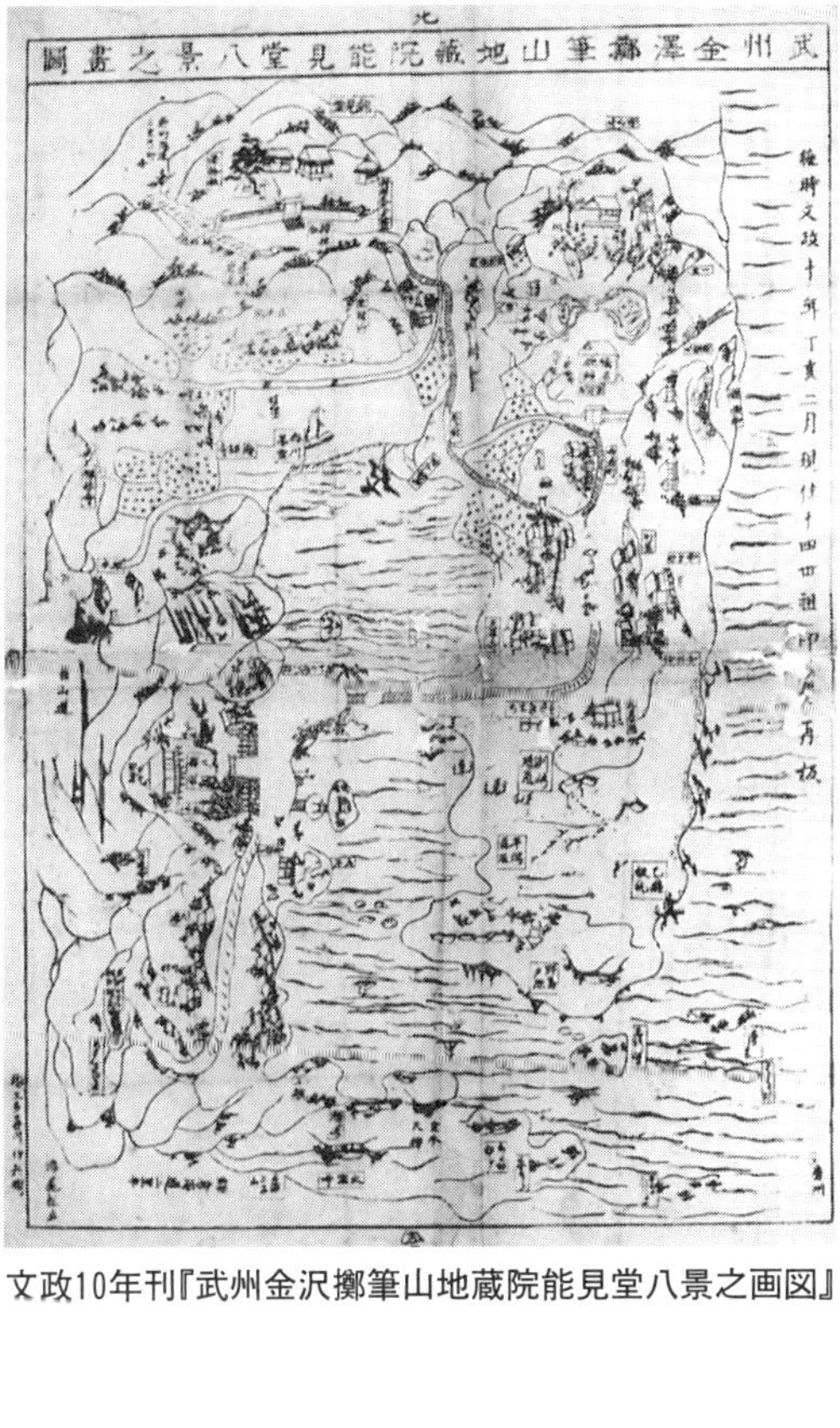

文政10年刊『武州金沢擲筆山地蔵院能見堂八景之画図』

する風景「金沢勝概一覧之図」が載せられている。広重も幕末の安政四年（一八五七）には、能見堂の山上から八景全体を見渡す鳥瞰図で、傑作といわれた『武陽金沢八勝夜景』を描いている。

能見堂の出版物については、紀行文などから遅くとも享保二年（一七一七）頃には金沢八景の詩を載せたものが売られていたが、出版がもっとも盛んになるのは天明年間からである。『金沢八景詩歌』（一七八四）は金沢八景の漢詩に和歌を載せたもので、漢詩は東皐心越、和歌は無生居士（京極高門）による。『金沢八景案内子』（一七八四）は前半は金沢八景の紹介、後半は八景の詩歌を収めている。『金沢能見堂八景縁記』は能見堂の由来と金沢八景の概要を記したものだが、これも天明元年（一七八一）頃の出版とみられており、いずれも版を重ねているのである。

九覧亭の〝箱庭的〟世界

九覧亭は金龍院の裏山にある展望台で、平潟湾内の中央にある眺望のよい岬である。ここからは瀬戸橋・野島・瀬ケ崎など金沢八景の主要なところを一望することができた。「九覧亭」の名の由来は、

広重画『武陽金沢八勝夜景』

八景に富士の眺望を加えたことによる。

昇天山金龍院は南北朝時代末期に霊地に創建された禅宗寺院である。古代から祭祀の場所であり、九覧亭の丘からせり出した「飛石」という奇岩は瀬戸明神の影向石であった。金龍院の裏山の眺望がすぐれていることは近世初期には知られており、能見堂、称名寺とともに金沢遊覧の人が必ず立ち寄る場所となっていた。九覧亭から眺める風景は瀬戸橋、琵琶島弁天、瀬戸明神、野島などが間近に見渡せ、能見堂の遠望とは異なる箱庭的な風景美があった。

文化・文政期には瀬戸を中心として遊覧客が増加するが、金沢八景探勝の趣きも次第に変化していくこととなる。『江戸名所図会』の「瀬戸橋」には屋形船で湾内を巡覧する旅人の姿なども描かれており、瀬戸橋界隈の賑やかな様子がうかがえる。『四親草《よしみぐさ》』（一八三五）は、俳諧人四人の旅である。一行は江ノ島・鎌倉の次に金沢を訪れ瀬戸橋の東屋に宿をとり、ここからの眺めを次のように称している。

楼は瀬戸橋のたもとによれり、江は南より北へ入て、左右目の及ふほとなる、月はうす曇る物から、夜景のほの見えわたり、小嶋ありて、橋をふたつにかけわたし、梯、瀬田の橋をうつす、南岸の漁り火朗かに、遠山のまゆすみ幽也、たゆたふ波に朧影をひたし、湖上草ほころひて、こち吹薫るさま、じつにしくものもなきここちそすめる……。

箱庭的景観が伝ってくる一節である。

江戸中期までは能見堂の小高い山頂から海岸美を眺望し、八景を愛でることが中心だったが、華やいだ瀬戸橋周辺の街では、風流が流行り、そこには遊び的要素が加味されるようになる。交通の便利さ、風光に恵まれた環境などにより、金龍院は金沢随一の展望地として繁栄をきわめていくのである。

金龍院が絵図などの刊行をはじめたのは文化年間からで、遊覧客相手に八景の絵図や錦絵、由来記などを数多く開板し頒布した。

絵図類には、墨刷りの案内図・金沢八景を一望のうちに収めた鳥瞰図的風景画（一望図）・錦絵の三種類があった。古いものとしては鎌倉版の八景地図をほぼ踏襲した形の単色の案内絵図『里俗相伝而西湖之八詠在金沢云其景光如図』があり、文化七年（一八一〇）にはすでに刊行されていた。一望図（墨絵）は文化十一年（一八一四）の『金沢八景之図』（作者未詳）が早い例としてある。

金龍院版『金沢八景之図』は、金龍院と九覧亭を中心に平潟湾が大きく描かれ、四方に存在する風景を眺めるという横型の構図になっているのが特徴的である。このパターンは幕末にかけて東屋、千代本などの旅亭が刊行する一枚物の金沢八景図にも踏襲されていく。一望図は地元の絵師、多気斎の手による九覧亭の岬を極度に強調した図が主流となった。多色刷りでは初代広重、二代広重のものが盛んに頒布されたが、なかでも『武陽金沢八景略図』は金沢八景図として最も普及し、その後もさまざまな異判が出された。

金龍院は錦絵でも、天保七年（一八三六）頃に初代広重の風景版画『金沢八景』（四ツ切判、八枚揃）を二種類刊行した。絵葉書サイズという小判でもあったため、土産物としても人気を博した。これは従来はひとつの風景のまとまりとしてみていた八景を個々の詩の風景ごとに描いた点で画期的な作品であった。実際に金龍院のある瀬戸橋周辺は、九覧亭からの眺めだけでなく、屋形船で観光したり、旅亭の窓から眺めたりと、さまざまな角度からの八景を楽しむことができたのである。

案内書は、金龍院に保存されている版本として『金沢金石録』と『金沢名所杖』（一八二二）などがある。詩歌では『西湖八景詩歌』があるが、これは能見堂の心越禅師の詩歌に対抗する意図で作られたものである。

出版物で先行したのは能見堂であったが、嘉永年間の干拓により内川入江の景観が失われてから後、とくに幕末の錦絵は金龍院の比定した「内川暮雪」を選択する例が多くなったのである。

九覧亭の人気は江戸後期にピークを迎えるが、そこには地域の発展という歴史的背景があった。金沢の地はなぜ急速な発展をみせたのだろうか。江戸庶民に人気のあった瀬戸界隈の旅亭の発達からみていくことにしよう。

繁華街としての金沢

江戸末期に金沢八景を遊覧する旅人の楽しみのひとつに

広重画『金沢八景』のうち「瀬戸秋月」

瀬戸橋際の旅亭で遊ぶことがあった。東屋、扇屋、千代本は、単なる旅籠屋ではなく、海水を引き、いけすで魚を放っていた。客を遊ばせるための屋形船を所有し、芸者もいるという、旅亭（料亭兼旅籠屋）であった。『江戸名所図会』にも描かれている東屋は、二階建てで、旅人のために遠目鏡を用意していた。旅人は部屋のなかでくつろぎながら景色をながめ、活魚料理に舌つづみをうち、さらに屋形船で遊覧し、汐干狩りに興じたのである。

文化年間以前はこれらの旅亭は茶屋にすぎなかったが、十九世紀に入り、急速に旅亭へと発展していった。発展のきっかけのひとつには、享保七年（一七二二）瀬戸神社に隣接して初代金沢藩主米倉忠仰の陣屋が構えられたことがあげられるが、最も大きな契機は黒船来航に備えて文化初期にはじまった三浦半島沿岸防備対策である。文化七年（一八一〇）三浦半島の沿岸防備に会津・白河両藩が動員されたため、金沢の地は江戸からの海陸中継の要地となり、急激に活況を呈するようになったのである。

『新編武蔵風土記稿』久良岐郡金沢領町屋村の項には「民戸六十軒、この地は金沢遊覧の徒憩息に便りよき地にして、詞人墨客等多くここに宿をかれば、自ら家居も少なからず、物商う屋も許多ありて頗る賑へり」とあり、瀬戸神社周辺に位置する金沢領町屋村が、浦賀、鎌倉への重要な駅場になっていたことがわかる。町屋村が金沢の宿駅の中心地になったことで多くの旅籠屋ができ、活性化していったのである。

一方、平潟湾の入口に位置し、三浦半島や対岸の上総国富津と近距離にあった野島浦には、海上交易にかかわる船主もおり、海上の拠点として栄えた。ここで注目されるのは野島の船主たちが物資のみならず人も運んだという点である。

近世後期に盛んになった大山参詣では上総国や安房国の参詣者が富津から野島への最短距離のルートとして江戸湾を渡ってきたが、野島浦には大山参詣者の輸送を専門とする船主もいた。文政十一年（一八二八）の議定（『神奈川県史』九）によれば、洲崎村の旅籠屋は安房国の旅人の宿泊を受け持ち、野島浦の旅籠屋は上総国の旅人を受け持つことなどが取り決められている。野島には浦賀屋、上総屋などの船宿、料理店が建ち、洲崎には房州屋という船宿が建ったのである。

このように十九世紀前半に水陸両方の交通の接点となった金龍院の周辺には、観光客相手の茶店や東屋、扇屋、千代本などの豪勢な旅亭が建ち並び、以前にも増した繁華街へと発展していった。『遊歴雑記』（初版文化十一年）の作者で金沢の地を何度も訪れている津田大浄（十方庵敬順）は、「東屋は文化六～十一年頃までは座敷の間数も少なく、給仕する女性も一、二人であったのに、文政四年（一八二一）に訪れたときには家は立て替えられ、給仕する女性も五、六人に増えて料亭になっていた」と、その急速な発展ぶりに驚いている。

『江の島鎌倉金沢旅行日記留』（一八五一）では、旅人三人が扇屋で、昼飯三人前のほかに「黒鯛洗い造り、同あらうしお」を注文している。活魚料理の金額は五〇〇文とあり、かなりのぜいたくだが、旅亭で活魚料理を味わうことは、旅人にとって大きな楽しみだったようである。

前出の『四親草』の旅人は、金沢の地を江ノ島や鎌倉と比べて、こんな風に表現している。

江の島の浄域に塵胸をあらい鎌倉の荒凉に古を忍び、この八景に他日の鬱陶を散す（中略）あるは碁、あるは将棋、うたひ手拍子、酒は三酌に一、二戯を加え、茶は詩觴の湿へるをかきりとす。

とあり、開放的な金沢の地で遊覧する様子がうかがえる。そこには繁華街金沢ならではの楽しみ方があったのである。

第四節　箱根湯めぐり

中世から栄えた湯本の湯治場

箱根は江戸から二一里、二泊あるいは三泊で行ける距離にあり、何よりほかの観光地にはない温泉地としての魅力があった。箱根の湯治場の歴史は伝承によれば奈良時代にまでさかのぼるが、史料として確認されるのは鎌倉時代からである。江戸時代には箱根七湯が観光の中心となるが、なかでも中世から温泉地として知られていた湯本は小田原宿と箱根宿の間にある立場でもあった。

東海道が整備される前の箱根越えは湯坂路を利用していた。湯坂路は、箱根をはさんで小田原と三島を結ぶ路線で、湯本から湯坂山・浅間山・鷹巣山を経て芦之湯へ下り、精進ケ池の淵を経て箱根権現へ向い、芦ノ湖畔の芦川宿から箱根峠を経て三島へ至る道である。

箱根越えの道にはそれ以前から古道としての足柄道があった。足柄道は三島から御殿場方面へ迂回して足柄峠を越え関本から小田原方面へ抜ける道である。延暦二十一年（八〇二）富士山の二度の爆発で足柄路がふさがれたため、翌年箱根に新道が開かれ、箱根路（のちの湯坂路）が誕生した。旧道は一年で回復したが、以後両方の道が使われるようになったのである。

この箱根路（湯坂路）は、『吾妻鏡』の治承四年（一一八〇）八月二十四日の条に、石橋山の合戦で敗れた北条時政父子が「箱根湯坂を経て甲斐に赴かんと欲す」とあることから、平安末期には箱根越えの道として知られていたようである。また、『十六夜日記』（一二七九）は藤原為家の継室阿仏尼が鎌倉へ下った際の紀行文だが、そのなかに「足柄道は遠いので、箱根路を選んだ」との記述があることから、鎌倉中期には箱根越えの近道として利用されていたことがわかる。

そして、湯坂路の途中にある湯本は中世から旅の休憩地や湯治場としての賑わいをみせていた。鎌倉後期の武将の金沢貞将の書状には「持病療養のため湯本へ下向仕り候」（金沢文庫文書）の一文がみられ、『曽我物語』には、建久四年（一一九三）四月中旬和田義盛が伊豆熱海湯治の帰りに湯本湯を訪れたとの記載がある。湯本湯はすでに中世には戦乱で傷ついた武将がその傷を癒したり、持病のために長期滞在を余儀なくされた鎌倉の武将たちによって利用されていた湯治場だったのである。

また鎌倉時代の湯坂路は、源頼朝をはじめとする鎌倉幕府の将軍や要人たちが箱根権現へ参詣するための道でもあった。頼朝は、伊豆・箱根両権現を崇敬し、鎌倉幕府を開くと両所への参詣をはじめた。これは二所詣（あるいは三島神社を含めて三所詣）と称して後の将軍にも継承されていく。『吾妻鏡』によれば、二所詣の道順は、はじめは伊豆から三島・箱根へと向っていたが、建久元年（一一九〇）以降は箱根・三島を経て伊豆山を詣で鎌倉に帰るコースがとられた。

二代頼家に二所詣をした記録はみられないものの、三代実朝は承元元年（一二〇七）から没する承久元年（一二一九）までの間に七回に及ぶ二所詣を行っている。鎌倉歴代将軍の二所詣により、箱根権現信仰は庶民の間にも広まり、湯坂路は旅人の参詣の道としても浸透していったのである。

『東関紀行』(一二四二年、著者不詳)は京都を出立した著者が東海道を経て鎌倉に下向するまでの紀行だが、三島から箱根権現を経由し湯本で宿をとっている。『関東往還記』(一二六二)でも、奈良を出発した一行が三島から箱根権現を経て湯本で昼食をとっており、湯本が参詣の人に休憩地としても利用された様子がうかがえる。

湯本のほか江戸時代に箱根七湯として知られた芦之湯・底倉・木賀なども中世からの湯治場だった。芦之湯は前出の『東関紀行』や『春の深山路』(一二八〇)には「あしのうみゆ」として紹介されている。

中世には箱根権現領下にあった芦之湯には、箱根権現の末社である熊野堂があった。熊野社の造営は遅くとも室町時代応永年間(一三九四〜一四二八)と考えられるが(「金沢文庫文書」)芦之湯は信仰者の湯治場としても利用されていたのである。なお、芦之湯は江戸中期の元文四年(一七三九)十二月、小田原領主大久保出羽守と箱根権現との山境争論の結果、小田原領下に入るようになった。

箱根七湯《ななゆ》の誕生

慶長から寛永にかけて東海道が整備されると、箱根の早川沿いの村々も湯治場としての形を整えていった。塔之澤湯は、慶長十年(一六〇五)塔之澤阿弥陀寺の木食僧弾誓上人によって早川渓流から発見された後、この付近からは次々と温泉が発見され、箱根でも有数の湯壷を持つ湯治場となった。こうして江戸時代前期には、後に箱根七湯と呼ばれる湯治場(湯本・塔之澤・底倉・宮之下・堂ケ島・木賀・芦之湯)

が誕生したのである。

小田原城主稲葉氏の『永代日記』によれば江戸前期の承応から天和にかけて（一六五二〜八四）大名の奥方、家来、小田原藩主、江戸町人など、さまざまな人が箱根に湯治にやってきている。日記の中には箱根七湯の湯治場すべてが登場していることからその頃には七湯が広く知られていたことがわかる。

稲葉氏から大久保氏に引き渡された『御引渡目録』（貞享三年〈一六八六〉）には各温泉の湯壷が記載されている。それによると七湯の湯壷は、湯本（四カ所）・塔之澤（一二カ所）・底倉（一一カ所）・宮之下（一一カ所）・堂ケ島（二カ所）・木賀（四カ所）・芦之湯（二カ所）となっており、各湯治場からは四〇八文の運上金が納められている。

湯治の日数は一七《ひとなぬか》（七日）を一廻《めぐ》り、二七《ふたなぬか》（十四日）を二廻り、三七《みなぬか》（二十一日）を三廻りと呼ぶ。一廻りを単位として病気に応じて廻りの回数を決めたが、江戸時代前期までは三廻りするのが一般的であった。

七湯温泉の効験は江戸幕府にも伝わり、御湯上り（献上湯）が各湯治場から納められるようになる。温泉を樽に詰めて遠路運搬するという汲湯の風習は戦国時代からあったが、江戸時代に入り定例的に行われるようになったのである。

幕府はその年の御汲場を定めると、御湯樽奉行をその温泉地に派遣した。奉行は湯宿で江戸城への汲み出しが終わるまで逗留する。湯樽は毎日二樽ずつ、十四日にわたって汲み出された。二つの御湯樽がいっぱいになると、樽に封印が貼られ、一樽に四人、ほかに手空きの者が二人つき箱根山を下る。人足には眼病のない屈強な者が選ばれたという。江戸に運ばれた御湯樽は二廻り分である。十四日にわたって江戸城に運び込まれる御湯樽は、見送る沿道の人達に箱根七湯を十分アピールしたに違いない。

箱根七湯の将軍家への献上は、正保元年（一六四四）からはじまり、宝永頃まで、およそ五十年間にわたっている。将軍家への献上湯は、箱根七湯が江戸庶民にまで知れ渡るきっかけとなったイベントでもあったのである。

一夜湯治の流行

箱根の温泉には江戸中期までは湯治を目的として長期に滞在する人が多かった。しかし江戸後期になると長期の湯治を目的にではなく「一夜湯治」すなわち庶民が観光のために箱根の温泉に一、二泊することが主流となる。

箱根の温泉へ湯治に行きたいと思っても、江戸庶民が三廻り（二十一日）の湯治に出かけるためには、箱根までの往復日数を入れると、約一カ月は要する。そのため、江戸初期にみられる町人の湯治は上層町人や名主などの金銭的にも余裕のある人に限られていた。だが、江戸中期の元禄・享保期になると、一廻りあるいは二廻りという湯治客も多くなり、湯治をしながら箱根の名所も楽しむという観光を兼ねた湯治のスタイルもみられるようになった。

『塔澤紀行』（一六九四）を書いた藤本由己は江戸の医者である。悪性のできもののあとを治すために塔之澤の温泉で湯治をするが、重病ではないため塔之澤を起点に箱根七湯のある土地を見学したり、芦ノ湖近辺の石塔めぐりなどを楽しんでいる。そして塔之澤の湯につかりながら「湯にいればをのつからしる人いでき、しらぬ国所の事どもを聞いていとおかし（中略）東話西談南北の人」と感想を述べている。湯舟で見知らぬ人同士の交流が生まれ、いろいろな土地から湯治にやってきた人のお国ことばが飛び交う様子がうかがえる。江戸の人が多かったものの、木賀温泉「亀屋」の宿帳（一七一九）には、相模・武蔵・房総・御厨（御殿場）・郡内（山梨）三島などの地名がみられることから、湯治客は関東地域に広がっていたことがわかる。

江戸後期に入ると、庶民も江ノ島・鎌倉などのセット旅行のついでに箱根まで足を延ばすことが多くなった。なかでも講による団体の旅行が盛んになると、講中は宿駅である小田原宿や箱根宿に泊まらずに一歩足を延ばして湯本の湯治場で一泊するようになった。つまり箱根を湯治場ではなく、観光地としてとらえる傾向が強くなったのである。これは「一夜湯治」をめぐる問題として小田原宿と湯本温泉場との争論へ発展していくこととなる。

「一夜湯治」の争論とは何か。簡単に経過とその影響をみていくことにしたい。

訴えたのは、箱根宿の問屋駒家で、訴えられたのは湯本村の名主福住家である。箱根宿と小田原宿の間の村であり、本来宿泊施設のない畑宿と湯本温泉場は、元文年間（一七三六～四一）に「間々村々の休泊停止」が通達されていたにもかかわらず「行き暮れ・足痛」と称する旅人を引受け休泊させていた。

争論の発端は、これを取り締まってもらうために、箱根宿が訴願を決意し、文化二年（一八〇五）八月、小田原宿へ協力を求めたことにはじまる。小田原宿では箱根宿の申し入れに同意し、町奉行を通じて旅人休泊取締を道中奉行に訴えることを決め、その前に湯本村の名主に談合を申し入れた。ところが湯本村では談合に応じないどころか、先を越して村役人が江戸へ赴き湯本村の事情を弁明したため争論は公となったのである。

湯本村弁明の要旨は「湯本温泉場は古来から往還路に位置しているため、昔から一、二泊の湯治客が多かった。一夜湯治の宿泊客は小田原・箱根宿が問題にするほど多くはなく、むしろ湯宿の数は減っているのだから、一夜湯治を存続させてほしい」というものだった。

一方、小田原宿でも急遽宿役人が江戸へ向い、「湯本温泉場では一夜湯治と称して、伊勢参詣・大山参詣・富士登山の講中を大勢宿泊させている。そのため小田原宿への宿泊者が減少し宿の財政は困窮している。是非とも一夜湯治を取り締まってほしい」と訴え出た。小田原宿が箱根宿に協力したのは、当時小田原宿が疲弊のどん底にあったからである。小田原宿にとっても旅人が小田原宿を通過し、湯本や畑宿で休泊すること、しかも講集団という、いわば団体客をとられることは大きな痛手となっていたのである。

結局このときは江戸道中奉行での結果は得られず、地元での裁きを受けるように申し渡される。だが、地元での裁決もなかなか出なかったため、湯本村では再び道中奉行へ一夜湯治存続の請願を行った。結果的に同年（文化二年）十二月、湯本村の請願が通り、道中奉行から一夜湯治の許可を得ることになったのである。また間の宿である畑宿の一件も箱根宿までの行程が長いために「行き暮れ・足痛」の者を宿泊させることはやむを得ないとの結論が出された。

一夜湯治をめぐる争いによってわかることは、中世から旅人の休泊の地として存在していた湯本温泉場の立場の強さである。また講集団の旅は江戸後期に勢いを増しており、一夜湯治の流行を止めることはできなかったということであろう。一方、小田原宿は裁定にはしたがったものの、宿機能を回復・復帰するには別の手段を講じて宿泊者を増やさなければならなかった。それは飯盛女設置に踏み切るほかはないとの願書の提出であった。

一夜湯治が認められてから、箱根は観光地としての色彩を強くしていく。以後一夜湯治という新しい宿泊のスタイルは湯本だけでなく、箱根七湯の湯治場に定着していくことになる。さらに庶民だけでなく、東海道を参勤交代で往き来する大名たちの間でも一夜湯治は流行したのである。

箱根温泉観光が盛んになると、一般旅宿間での客の取り合いや、湯宿同士での競争も盛んになった。そこで七湯の間ではトラブルを事前に防ぐための自主規制として次のような協定を結んでいる。

①駕籠人足を酒食でもてなし自分の宿に湯治客を引き込むことを禁止する。

②茶屋・旅籠屋に手をまわし客を紹介してもらうことを禁止する。

③旅籠屋同様の安い料金で客を宿泊させることを禁止する。

これに違反した場合は五〇日間の営業停止という罰則を定めた。このことからほかの旅宿とのトラブルが七湯にも及んでおり、七湯間での結束が必要となっていたことがわかる。

七湯廻りとガイドブック

一夜湯治が成立すると、湯治場と周囲の見どころを廻る「七湯廻り」という観光ルートが開かれてブームが起こり、さまざまなガイドブックに七湯の効能と周辺案内のコースが紹介されるようになる。代表的なコースは湯本三枚橋から、湯本→塔之澤→大平台→堂ケ島→宮之下→底倉→木賀→芦之湯の七湯をめぐったあと、箱根権現に詣で、元箱根から賽の河原へ出て東海道を三枚橋まで戻るというもので、湯治客にルートを紹介するガイドブックも出版されるようになった。

箱根七湯案内の総合案内ともいえるのが文窓弄花の合作による『七湯の枝折《しおり》』（一八一一）で、全一〇巻からなる絵巻である。第一巻には出湯の効験・七湯の地名・七湯全図など概要が書かれている。二巻から八巻までは七湯各湯治場の湯宿ならびに効験・名所・旧跡の案内などが載せられている。九巻には元箱根周辺の石仏群について、第一〇巻には箱根権現・名産品などが紹介されている。絵図には各湯治場の全景が描かれているほか、風呂のタイプ別に内部の様子や湯治を楽しむ人々の様子が描かれており、往時の風俗を知ることができる。

講中の様相の記載があるのも注目される。湯本の部には「伊勢講のむれ五十・六十つどひ来たりきそい宿り或いは富士・大山の行者二十・三十うちつらなりてあらそひ泊る……」とある。芦之湯の部には「富士・大山詣のついでの湯めぐりなど、とりわけて六、七月のこれはいつれの湯宿にも五十・六十つとひ宿りて其繁昌なることいはん方なし……」とあり、集団で賑わう湯宿の様子がうかがえる。

十返舎一九の『道了権現箱根権現七湯廻紀行文章』（一八二二）も箱根七湯めぐりの案内書である。七湯湯治場への入湯順路の案内、七湯間の行程とともに、各湯の効能・湯宿の案内・箱根山名物・旅行心得・狂歌などが紹介されている。

江戸の俳人雲州亭橘才の『東雲草』は箱根温泉の絵入り案内記である。橘才は文政十三年（一八三〇）の春江戸を出立し箱根に来山。滞在中に箱根七湯の旧跡をめぐり案内書を書いた。箱根七湯の古文書を読み、史跡を調べ、金石文から由来を探るなど歴史的記述が多いのが特徴的である。

　文政七年（一八二四）の『諸国名物往来』は、箱根の湯治場について「江戸から二〇里で関所の手前だから、わずらわしい通関の手続きも必要としない。江ノ島・鎌倉・金沢の名所も近いので組み合わせれば、日頃のウサをはらして養生するのに最適な湯治場だ。温泉の効能も申し分ないし、江戸からの交通も便利だから流行るのは当然だ」と宣伝的な案内をしている。

　箱根七湯湯治をテーマにした滑稽本も出版された。十返舎一九の『箱根七温泉江之島鎌倉廻金草鞋』（一八三三）は箱根七湯めぐりが江ノ島・鎌

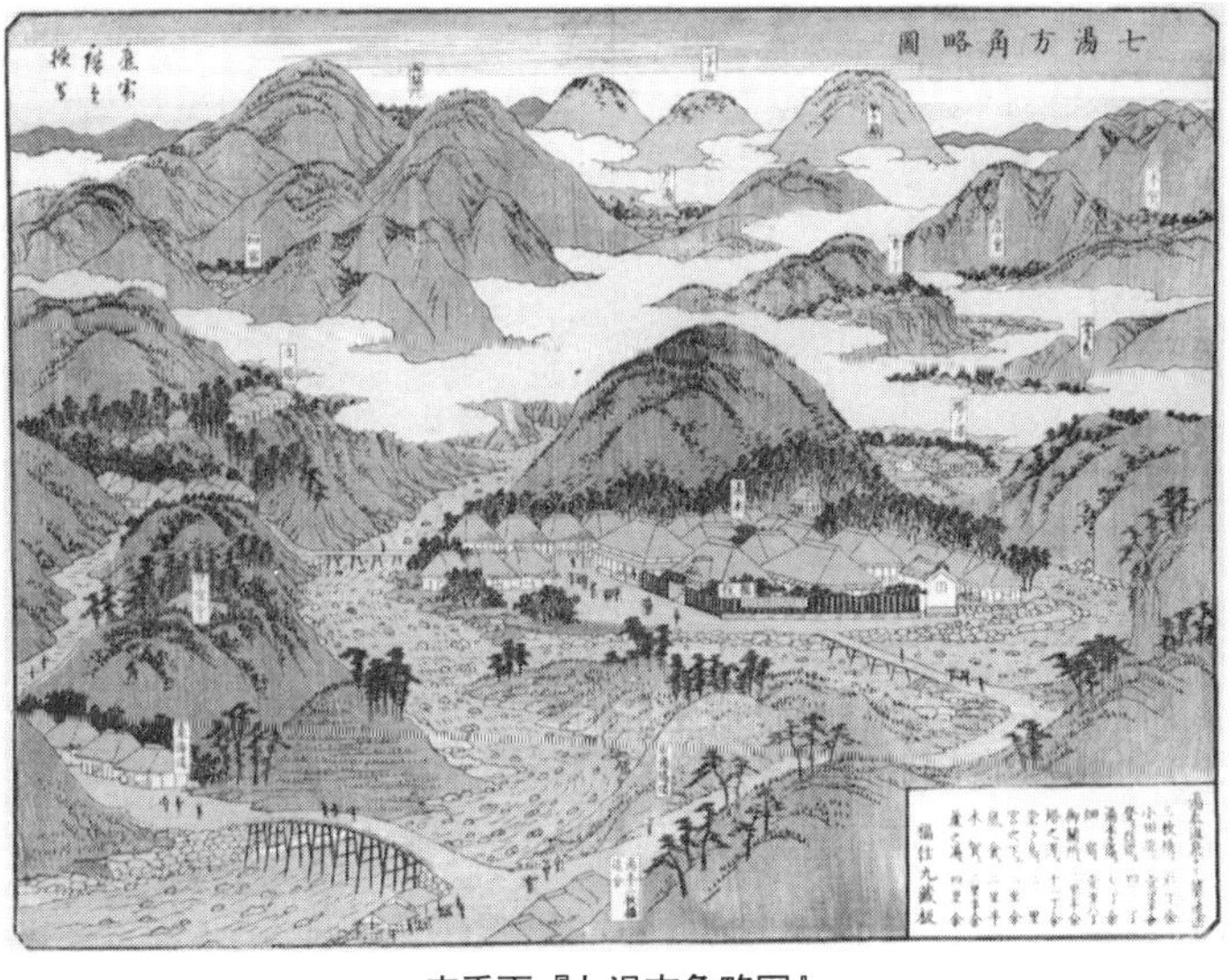

広重画『七湯方角略図』

倉とパックになって紹介されている。また滝亭鯉丈・為永春水の『温泉土産箱根草』（一八四四）は江戸町人の三人組が箱根塔之澤に温泉湯治する話で、江戸町人たちの湯治の様子が描かれている。これらの本からも文化・文政期に端を発した江戸近郊の観光コースが庶民の間でかなりメジャーなものとなっていたことがうかがえる。

文人墨客のサロン東光庵

中世からの湯治場、芦之湯は七湯中唯一の硫黄泉であったため、江戸時代に入ってからも効能のある温泉として江戸庶民に人気があった。また七湯のなかで最も高地にあり、暑い夏には江戸から避暑に訪れる人が多かった。そして江戸町人のなかでも文人墨客たちが好んで訪れたのが芦之湯の熊野権現の境内にあった東光庵薬師堂であった。芦之湯に逗留しながら、賀茂真淵や本居宣長ら国学者を中心とした文人墨客たちは東光庵で集い、俳句をたしなみ、詩会や句会を開き、囲碁や将棋を楽しんだ。つまりここは文化人のサロンだったのである。

鳥居清長画『箱根七湯名所』のうち「どぶが島」

『箱根日記』（一八一四）を書いた江戸の歌人清水浜臣も東光庵を訪れている。この日記は三浦・鎌倉・箱根旅行記で、箱根は芦之湯に住まいのある門人勝間田茂野を訪ねるのが目的である。

清水浜臣は湯本から畑宿へ出てここから滝坂道を上り、芦之湯へ向っている。滝坂道は険しい上りの道ではあったが、芦之湯への近道であったため、芦之湯へ直接向う湯治客にはよく利用された。その日はあるじ茂野宅に泊まり、二日ほど筆をとりながら暮らす。東光庵はこの家の近くの小高い丘の上にあった。夕方立ち寄ると、あるじは酒と肴をもってきてやおら酒をすすめる。あたりは二子山、駒ケ岳など右も左も皆山に囲まれている。

「雲のあいだ向いの峰から落ちる影はいいようもなく趣きがある。酒をくみかわしながら、月が出るのを待った」とあり、東光庵で風流を味わう様子がうかがえる。翌日は途中で元箱根の石仏・石塔群の史跡をめぐりながら箱根権現へ参詣し、芦ノ湖へと下りたのである。

浮世絵に描かれた箱根

浮世絵師歌川広重の『武相名所旅絵日記』（一八五一）は江戸高輪を出発した広重一行が金沢八景・鎌倉・江ノ島などの名所を遊覧した後、箱根を周遊する旅絵日記である。一行は湯本で一泊し、塔之澤から七湯をめぐり東海道に下るという箱根七湯めぐりの典型的なコースを辿っているのが特徴的である。このとき広重がスケッチしたものは翌年には錦絵となって販売された（人判七枚揃の佐野喜版「箱根七湯図会」など）。また広重は、たびたび宿をとった湯宿福住の注文による一枚の絵地図『七湯方角略図』などの広角絵図も手がけている。

この絵図刊行の前後には、箱根七湯の各湯治場の湯宿主たちが木版墨刷りの七湯案内図を刊行している。いわば湯宿が版元という在地出版の案内図である。案内図には七湯共通の宣伝文なども盛り込まれており、七湯が協力して箱根の宣伝に務めた様子がうかがえる。

風光明媚な箱根は浮世絵師の格好の題材となり、数多くの作品が残されているが、なかでも七湯をテーマにした七枚揃いの作品が多いのが特徴的である。天明元年（一七八一）の鳥居清長『箱根七湯名所』七枚揃（美人画）には浮世絵版画としてはじめて箱根七湯が登場する。その後天保期から幕末にかけては、実用的な団扇に浮世絵を描いたものもヒットした。広重の『箱根七湯巡』、広重と三代豊国の『雙筆七湯廻り』二代目広重の『箱根七湯巡』など（いずれ

広重・豊国画『雙筆七湯廻り』のうち「底倉」

も団扇判）は土産物としても喜ばれ、江戸庶民の箱根への旅情を誘ったのである。

第四章　神奈川九宿の旅籠と往還

江戸時代の神奈川地域には東海道を中心に、矢倉沢往還・中原街道などの脇往還や、各宿場から派生する多くの枝道が走っていた。近世の神奈川は相模国全域と、武蔵国の三郡から構成される。この地域に置かれた宿は九つで、川崎・神奈川・保土ケ谷（以上武蔵国）、戸塚・藤沢・平塚・大磯・小田原・箱根（以上相模国）である。

徳川家康は関ケ原の合戦の翌年、慶長六年（一六〇一）から、東海道の交通の拠点となるべき地に伝馬朱印状を発行し、宿を定めた。慶長六年に成立したのは、神奈川・保土ケ谷・藤沢・平塚・大磯・小田原の六宿で、その後宿駅間の距離が長いなどの理由により、慶長九年に戸塚宿、元和四年（一六一八）に箱根宿、元和九年に川崎宿が成立した。

宿駅には伝馬人足の継立を行う問屋役と問屋場があり、休泊施設のなかで公的機能をもつ本陣または脇本陣が設けられ、庶民の休泊、休憩施設としての旅籠・茶屋が置かれていた。東海道は江戸庶民が相州遊覧の際に頻繁に利用した道であり名所や旧跡も多かった。宿と宿の間にある「間の村」のなかで、人足や駕籠かきなどが休息する「立場」は神奈川地域で一八あり、旅人にとっても一息入れる場所となっていた。

第一節　川崎宿

渡船客で賑わう宿場

川崎宿は日本橋から四里一八町の距離にあり、北から久根崎町・新宿町・砂子《いさご》町・小土呂町の四ケ町から成る。旅籠数は七二軒で、神奈川県下では小田原・戸塚の次に多かった（天保十四・十五年『東海道宿村大概帳』による）。

川崎宿は、元和九年（一六二三）新たに宿駅に指定された。交通量の増大に加えて神奈川・品川間の伝馬継立が往復一〇里に及び、両宿の負担が重かったためである。成立当初は宿経営は苦しかったが、江戸中期以降徐々に好転していく。そのきっかけとなったのが六郷川渡船の運営権を得たことと、川崎大師参詣者の増大だった。

川崎宿の手前には六郷川が流れ東海道の交通にとって大きな障害となっていた。徳川家康は慶長五年（一六〇〇）六郷川に六郷大橋を架橋した。以後たびたび起こる洪水のたびに補修や架け直しが行われたが、元禄元年（一六八八）夏の大洪水で流失して以降六郷川は船渡しとなったのである。

渡しの運営に関しては、当初は幕府が江戸商人や対岸の八幡塚村に請け負わせていたが、宝永年間に入り本陣・名主・問屋の三役を兼帯していた田中休愚が、宿財政の再建を図って六郷渡船の川崎宿請負を幕府に働きかけたことにより、宝永六年（一七〇九）三月から川崎宿が請け負うこととなった。渡船場から宿入口までには川会所、貫目改所、渡船高札場が設けられ、船場町が形成された。船渡しの距離は常水時で六九間（約一二四メートル）あった。渡し賃は弘化元年（一八四四）の規定で、人が一五文、本荷一駄（四〇貫）が二三文であった。

六郷渡船の利用客は、七割が公用の武士で三割が庶民と、無賃の武士層の利用が多いが、庶民の旅が活発になると、渡船場における渡船賃の収入は大きな財源となった。渡船請負人が宿場へ差し出す揚金は毎年五〇〇両から六〇〇両にのぼり、宿場財政の建て直しに貢献したのである。

江戸中期以降、多くの江戸庶民が船に乗り向った先は、川崎大師であった。

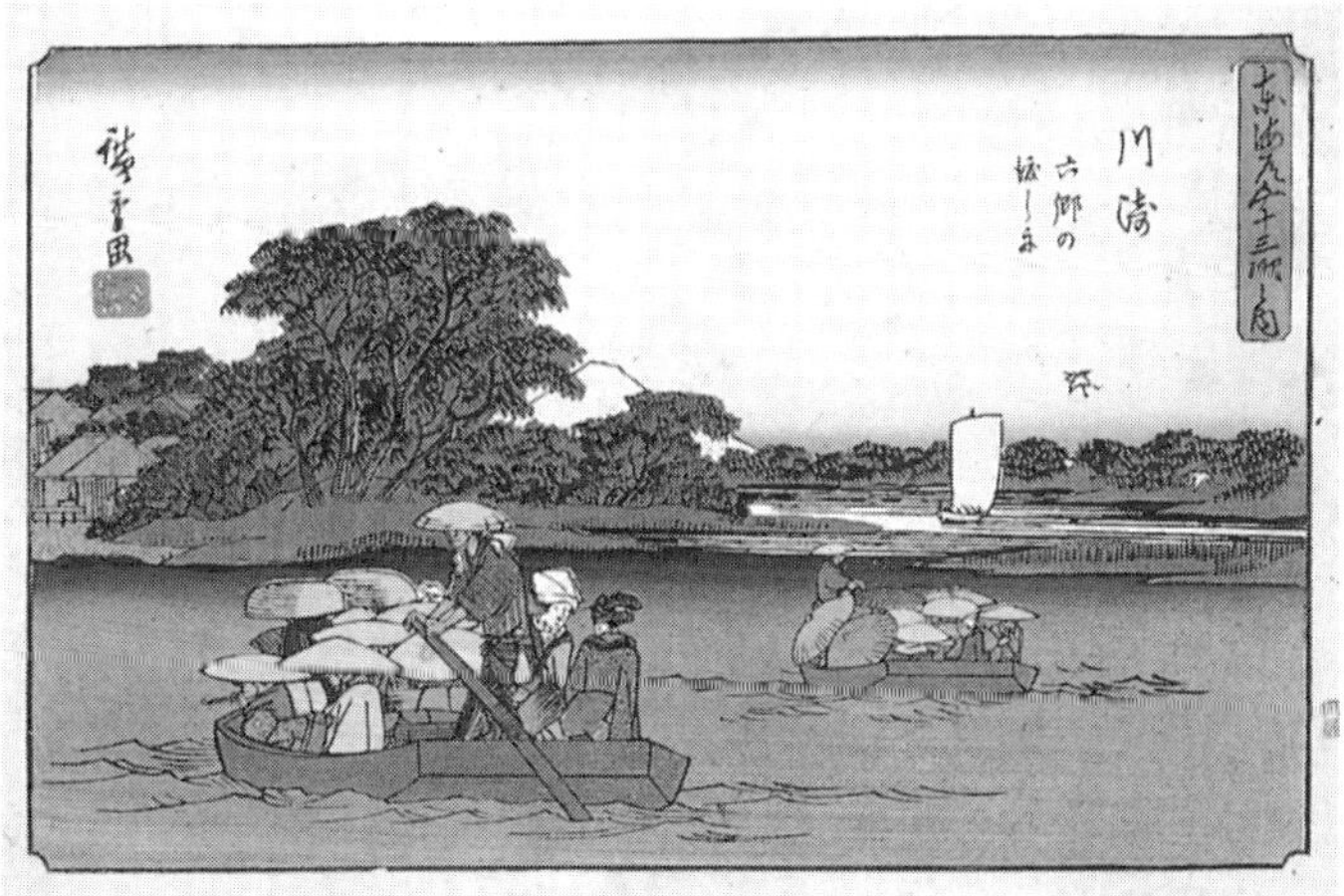

広重「六郷の渡し」（『東海道五十三次』）

川崎大師と万年屋

川崎大師の正式名は金剛山金乗院平間《へいげん》寺である。平間寺は真言宗智山派の大本山で、弘法大師の真作とされている弘法大師像を本尊としている。

大師河原の地名は多摩川の河原に大師堂があったことに由来する。永禄の『小田原衆所領役帳』に行方与太郎の領地として載せられており、戦国時代にはすでに大師堂が存在していたことがうかがえる。

平間寺の成立は、木版の略縁起によれば、この地で漁猟をなりわいとしていた平間兼乗という浪士が厄年に当たる四十二歳の年に漁に出ると、弘法大師の像が網にかかった。これを家に持ち帰り信仰していたが、大治三年（一一二八）に寺を建立して祀ったことにはじまるという。平間兼乗が厄年に大師像を発見したことから、地元では古く

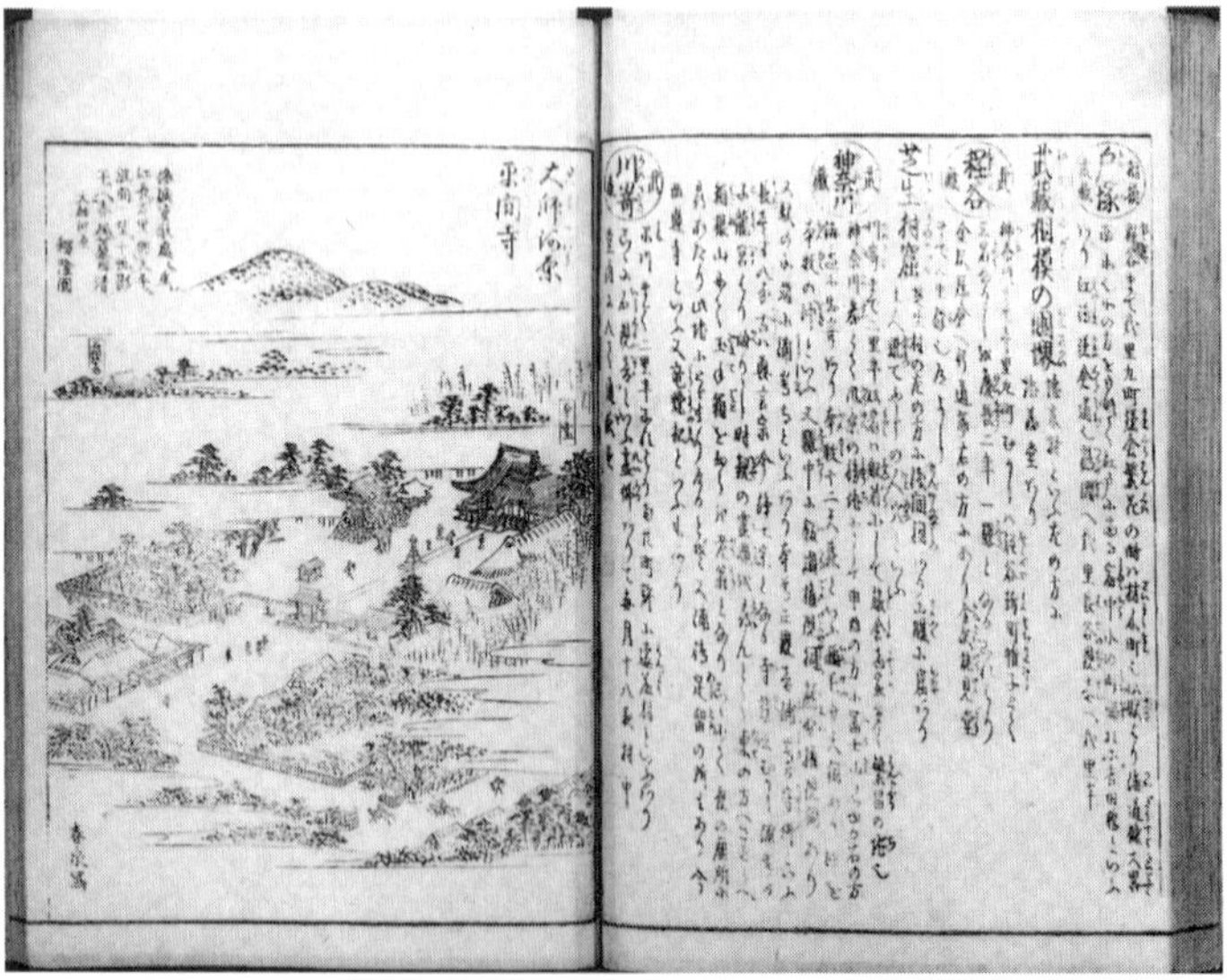

平間寺（川崎大師）全景（『東海道名所図会』）

から川崎大師が厄除け信仰の対象とされていたが、近世中期以降江戸庶民の参詣も増えたのである。

さて、「川崎大師といえば、万年屋」というほど有名な茶店として繁昌したのが万年屋だった。万年屋は明和年間（一七六四〜七二）には一三文均一の一膳飯屋だったが、川崎大師参詣者の増大とともに宿内一の茶屋に発展し、宿泊も賄うようになったのである。万年屋は多摩川河畔に近い江戸口から二軒目に店舗を構えていた。『将軍上洛ニ付宿並書上』（一八六三）によれば、表屋敷と別屋敷の二棟があり、ともに二階屋で、本陣を除いては旅籠・茶屋中、宿内最大であった。

万年屋の名物は奈良茶飯だった。奈良茶飯は茶飯に大豆・小豆・栗などを入れたもので、奈良の東大寺・興福寺で炊き出したものに由来する。『江戸名所図会』の「河崎万年屋奈良茶飯」には、店内で茶飯を食べる人や、通りを行き交う人々の様子が描かれている。江戸庶民にとって川崎大師は日帰りも可能な距離にあり、朝早く江戸を発てば、川崎宿は昼食をとるのにちょうどよい場所だったのである。

江戸後期から幕末にかけて万年屋はますます繁昌したようで、庶民ばかりではなく、公人も宿泊している。安政四年（一八五七）初代アメリカの総領事ハリスは、江戸参府の途中の川崎宿で、あえて本陣を避けて万年屋に宿泊し、次のように施設の良さをほめたたえている。

そこで私は、万年屋、すなわち〈万年の幸福〉というその旅館へいったが、宿を変えて非常によかった。なぜならば、暗くて、汚くて、不愉快な本陣の代わりに、明るく、清潔で気持ちのよい家へ入ることができたからである。

将軍参詣と門前町の発展

文化年間には川崎大師の厄除け信仰はピークを迎える。そのきっかけとなったのが、文化十年（一八一三）の十一代将軍家斉の参詣である。

家斉は寛政八年（一七九六）にも参詣しているが、二度目の御成は四十一歳の前厄にあたっており、厄除けを目的に大師を御膳所とする正式のものだった。その際、住僧が頓死したため「これは御厄をかた代わりしたもの」との風聞が立った。このようなエピソードは厄除け大師の具体的な御利益として、庶民の熱い支持を獲得し、参詣者の増大につながったともいえよう。

川崎大師への参詣者が増えたことで、門前町もにわかに活気づいていった。津田大浄『遊歴雑記』は「寛政九年に江ノ島開帳の折に川崎大師へ立ち寄ったときには、門前にわずか五～七軒の家屋が酒、餅、そばを売っているにすぎなかったが、文化十二年に再訪したときには門外にも商家酒楼食店等が軒を並べている」と門前町の急速な発達ぶりに驚いている。

また御三家（尾張・紀伊・水戸）、御三卿（田安・一橋・清水）もたびたび参詣しており、なかでも田安家は宝暦六年（一七五六）には宝篋印塔を寄進しているほど信仰熱心だった。将軍家や武家の信仰が篤かったことも、江戸庶民の参詣熱を高める要因になったといえるだろう。

真言宗の寺院では、弘法大師の祥月命日に当たる三月二十一日には大師像を開扉して供養をし、この法会を「御影供《みえいく》」と称した。『江戸名所図会』には、正月・五月・九月の各二十一日と三月二十一日は御影供修行のため、大変に賑わったとあり、とりわけ三月二十一日は「詣人稲麻の如く」とその繁栄ぶりを表現している。

大師道と羽田道、二つの参詣道

十七世紀後半、川崎大師への参詣者の数が急増すると、参詣者のために東海道左側の万年屋のある大師道の分岐点には、角形石柱の道しるべが建てられた。寛文三年（一六六三）五月の建立で「大師河原　是より弘法大師江之道　災厄消除」とあり、川崎大師境内に現存する。これは台座からの高さだけでも一四五センチあり、他に類をみないほど大きな道標であったため、往来の人の目に留まり、川崎宿名物のひとつにもなっていた。川崎大師への参詣者はここを左折して大師道へ進む。

大師道は川崎大師平間寺を経て、河口に近い羽田渡船場へ至る道で、川崎宿から約三キロの距離にあった。天保五年（一八三四）には、老朽化した大師旧本堂に代わり大本堂が落成したが、大師参詣盛況のおかげで繁昌した万年屋はそのときに造営のための寄進をしており、天保十年には大師道の普請にも協力している。

江戸後期には川崎大師と併せて近くの石観音堂を訪れる人も多くなった。石観音堂は大師堂の前の道を一キロほど南下したところにあり、そこへの道は石観音堂道とも呼ばれた。石観音堂は寛文五年（一六六五）に如意輪観音の石像を本尊として創建され、地元の農村を中心に信仰を集めていたが、大師参詣が盛んになると足を延ばして石観音堂に参詣する人も増えたのである。

ところで江戸方面からの大師参詣は、東海道を通り、六郷川を渡り、川崎宿を経由して大師道に入るのが一般的なルートだったが、江戸後期には荏原郡大森村から羽田村作渡し場（農作のための渡し場のこと）を通る「羽田道」を利用する者も急増した。

羽田道は、東海道を大森の内川橋（現・大田区大森）で分岐して弁天橋へ至るルートで川崎大師への近道であった。川崎宿から大師堂までは徒歩で約三キロ近くある。一方羽田の渡しから作渡しを利用して「六稲荷の渡し」に着き、ここから田畑の間の道を西南に向って進むと川崎大師までは一・五キロくらいで行くことができた。

羽田道は「羽田弁天へ往来の人かよふによりて、土人は此を弁天道とも呼んでいた」（『新編武蔵風土記稿』）とあり、江戸から羽田弁天社へ向う参詣の道でもあった。羽田弁天社の別当は医王山龍王院（真言宗智山派）である。江戸中期以降の地誌には「羽田弁財天社」「玉川弁天宮」など、さまざまな呼称で載せられている。六郷川の河口の州の上にありながら、六郷川が満水しても浸水しない要嶋という場所にあったことから「要嶋弁才天社」とも呼ばれた。

羽田の渡しは眺望がすぐれていたため、江戸近郊の名所として訪れる人も多かった。羽田弁天社に詣り、川崎大師にも詣るというコースがとられたり、あるいは川崎大師を参詣した後羽田の渡しを経て江戸へ帰るという道が選ばれたのである。

『大師河原にあそぶ記』（一八一八）を記した村尾嘉陵は、深川から小舟に乗り墨田川を下り、江戸湾へ入り、大森に上陸し、大森から和中散本舗、岩井神社を通り羽田弁天社を参詣、茶屋でひと休みした後、多摩川を渡り、川崎大師を参詣している。また、津田大浄（『遊歴雑記』）も、三回にわたって羽田の要嶋弁天を訪れている。

　羽田の渡しの近くには宝暦六年（一七五六）に建立された石の道標があった。それには「是より右　石観音／弘法大師道」とあり、左には「是より玉川弁才天道」と記されている。地元の羽田弁天の方向と川崎大師・石観音堂」の方向を示しており、この頃には羽田から川崎大師へ向う参詣ルートができていたことを物語るものである。

　川崎宿にとっては六郷の渡しと宿内を通らないで、羽田の渡しから直接大師へ参詣する人が増えることはゆゆしき問題であった。羽田の渡船は宿の繁栄や渡船賃収入の減少を招くとして、天保十三年（一八四二）には、川崎宿の役人や惣代が代官関保右衛門役所に対して、大師参詣者の羽田道利用の禁止を請願している。だが、近道の羽田道は「直路《じきろ》」と称され、その後も庶民の利用者が絶えることはなかったのである。

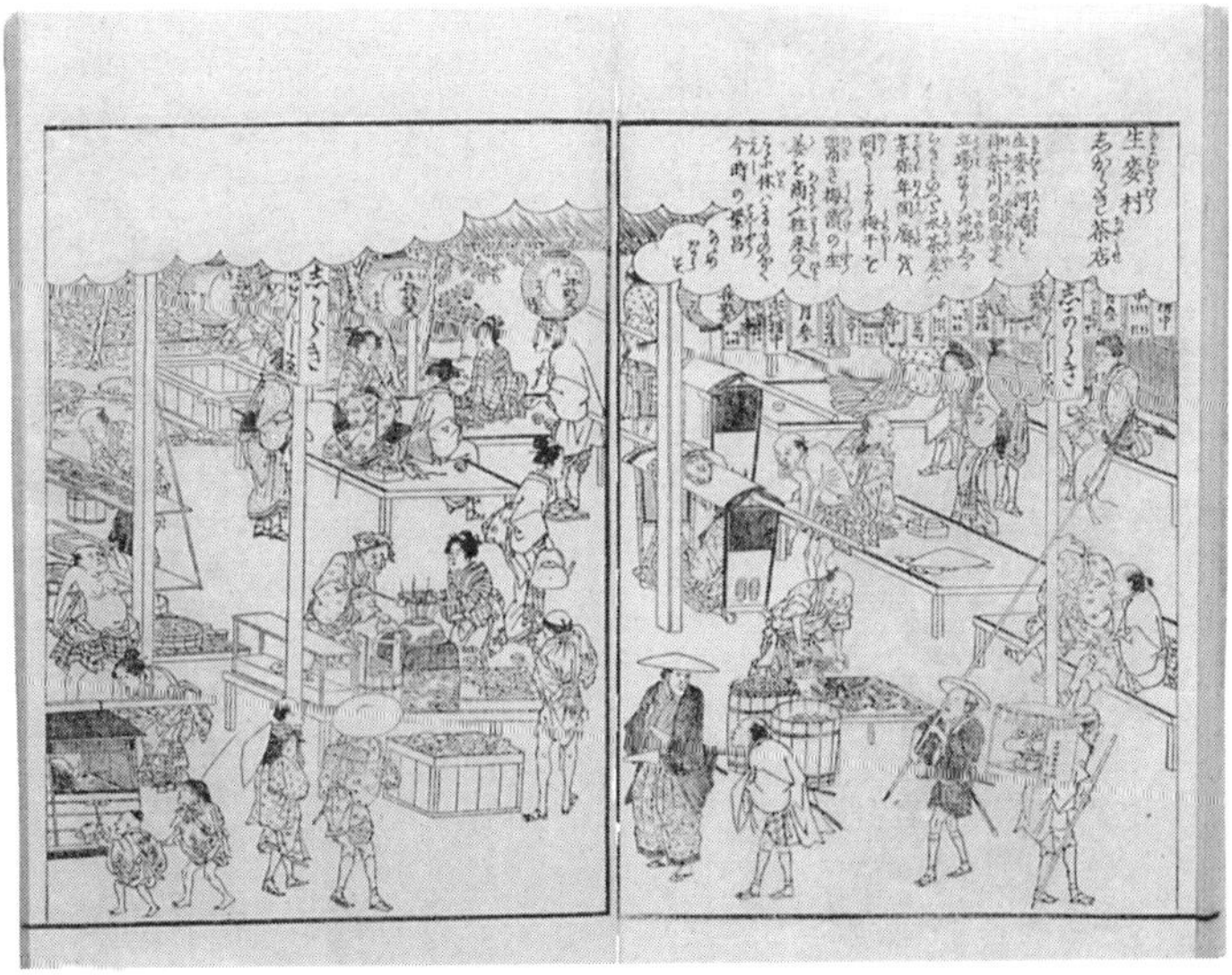

生麦村の「しがらき茶店」（『江戸名所図会』）

さて、川崎宿を出て鶴見橋で鶴見川を渡ると最初の立場の鶴見村に着く。ここの名物は米饅頭《よね》で、なかでも「鶴屋」は老舗で慶長の頃の創業だった。文化年間には五軒の饅頭屋がずらりと並んでいた。鶴見を過ぎると幕末の「生麦事件」で知られる生麦村の立場がある。漁業が盛んで幕府の御納屋役を務めていた。『江戸名所図会』には「生麦には〈しがらき〉という茶屋があり、梅干しや梅漬けの生姜が有名だった」とある。ここから一里ほどで神奈川宿である。

第二節　神奈川宿

湊町台町の賑わい

神奈川宿は日本橋から七里で、滝の川をはさんだ青木町と神奈川町から成る。江戸後期の神奈川宿は人口五七〇〇人あまりで、城下町の小田原と開港以降の横浜を除いては神奈川県域最大の都市であった。旅籠は五八軒あった。神奈川湊は中世から海陸交通の要衝であり、物資集散の地であったが、近世に入ってからも重要な湊として栄えた。

青木町にある台町は海に面した崖の上にあったため、天気の良い日には、横浜や本牧を眼下に対岸の安房・上総が見通せるほど眺望がすばらしかった。

『江戸名所図会』神奈川の台の項には「この地はいづれも海岸に臨みて海亭をまうけ、往来の人の足を止む。この海辺を袖ケ浦と名づく」とある。神奈川の内海の眺望は袖ケ浦と称され、元文元年（一七三六）までには袖ケ浦八景（野毛晴嵐・平潟落雁・傘島秋月・石崎夕照・石川夜雨・鷹巣暮雪・光明晩鐘・舟千帰帆）が選定された。

『新編武蔵風土記稿』には、神奈川台からの眺望を「此所よりのぞめば東南の方、眼界打開けてことに勝景の地なり、久良岐郡州干湊より十二天の森を遠く見やり、又向いに弁天の社など見ゆ」とある。台町からの眺望を楽しみに多くの文人墨客が訪れ詩を詠んだ。これけ金沢八景に通じるところがある。

安政五年（一八五八）には台町の茶屋である石崎楼が初代歌川広重の「神奈川台石崎楼上十五景一望之図」という大錦一枚の浮世絵を出した。十五景とは、清水山清水・将軍山桜花・本覚寺宿鴉・芝生秋・鹿野山望月・平沼塩煙・芙蓉遥望・港千鳥・宮州汐干・野毛海苔舟・横浜漁火・権現山夕陽・州乾雪・本牧舶風・洲崎神社である。芙蓉とは富士山で、鹿野山は上総の山のこと。青木町台町から眺望できる景観をうたったものである。石崎楼は『三五《さんご》景一覧《けいいちらん》』という冊子も刊行した。三五とは、三×五＝十五のことで、十五景のことを指し、この冊子は台町から眺望できる十五の景色を一枚ずつ色刷りで描いたものであった。

眺望のよい台町の海側には、多くの茶屋や旅宿が並び、旅人は一服しながら風景を楽しむことができた。なかでも「さくらや」は規模も大きく有名だった。広重の絵には、二階の回廊に立ち、遠眼鏡で風景を眺めている人の姿が描かれている。『東海道中膝栗毛』には「ここは片側に茶屋軒を並べ、いずれも座敷二階造、欄干つきの廊下桟《かけはし》わたして、浪うちぎはの景色いたってよし」とある。

『金川砂子《かながわすなご》』は、文政七年（一八二四）神奈川町の住民、煙管屋喜荘によって著された神奈川宿の地誌である。ここには台町茶屋と題した見開きページに「さくらや」の賑わう様子が描かれている。店の左側には、まねき看板が掲げられており、大山講などの講中が休泊場所として利用していたことがわかる。

江戸後期になると、江戸市中から船を出して神奈川宿まで直行する参詣者が増えた。あるいは大山参詣の後に神奈川宿でひと休みして、そのまま船で江戸に帰る参詣者も増えた。そのため、たとえば文化二年（一八〇五）には、品川宿が「富士山や大山参詣の人が品川宿で下船しないために宿屋、茶屋、商人の生計がおびやかされる」として、奉行所へ船往来の差し留め願いなどを出しているが、幕末まで解決をみることはなかったのである。

『金川砂子』に描かれた台町の「さくらや」

神奈川宿の名所・浦島寺

全国各地に伝わる浦島伝説だが、神奈川宿にも東側の小高い丘の上に、浦島太郎にまつわる有名な寺があった。帰国山浦島院観福寿寺は通称「浦島寺」といった。本尊は浦島太郎が竜宮城に持ち帰ったという浦島聖観音菩薩である。この寺には、浦島明神・亀化大竜女・浦島太郎の墓などがあり、子安村の西蓮寺には「浦島塚」もあった。『江戸名所図会』でも多くのページを割いて、観福寿寺や浦島故事などを紹介している。

亀化大竜女の項には、「浦島子、海上に釣りを垂れて得たりし霊亀を、祝ひまつるといへり。渡航安穏守護の神なりとて、船人多く、これを崇敬す」とあり、古くから地元の海神であったことが知れる。山頂には竜灯の松があり、その下には「目当て灯籠」があった。これは夜間神奈川湊に入港する船の目印になっていたという。

豊国画『東海道五十三対』「神奈川の駅浦島づか」

『武江年表』によれば、観福寿寺は明和三年（一七六六）、寛政二年（一七九〇）、天保十三年（一八四二）と、江戸で三回にわたり浦島観音の開帳を行っている。開帳の際には霊宝の玉手箱を見せるなど、浦島伝説の寺として江戸庶民に親しまれていた様子がうかがえる。

浮世絵でも、国周の『東海道一ト眼千両神奈川浦島太郎』では、釣竿をもった浦島太郎が描かれ、豊国の『東海道五十三対』「神奈川の駅浦島づか」に描かれた女性は亀のデザインの着物や手ぬぐいを身につけている。

神奈川宿の名物には「亀甲煎餅」があるが、これも浦島太郎ゆかりの品であり、旅人の土産物として人気があった。観福寿寺は慶応四年（一八六八）の大火で焼失し、明治に入り廃寺となった。現在神奈川本町にある慶運寺は開港当時はフランス領事館に充てられた寺だが、観福寿寺を併合したことで、浦島寺とも呼ばれるようになったのである。

活気あふれる湊町

神奈川湊は、十八世紀後半に民間の新興海運集団である尾州廻船が神奈川湊に訪れるようになったことで急速に発展し、商業の湊町としての活気をみせるようになった。船着き場には商用の舟客も多く、入港先の廻船問屋や船宿はそのほとんどが青木町にあった。

『江ノ嶋まうで浜のさざ波』には「此宿には羽沢、旅亀、大黒屋などいへるきらびやかなる旅籠屋あり、其他酒肴をあきなへる家もかずかずあり、ことに船着なれば旅舎、商家もおほくして繁昌の地なり」とある。旅籠屋のなかでも、羽沢屋は最も繁昌した船宿で、屋敷内には「名物の松」もあったという。『金川砂子』には座敷遊びに興じる客の姿などが描かれている。

神奈川宿周辺には豊かな漁場が存在していた。西側の海岸には漁師町（神奈川浦）があり新宿浦・生麦浦などの漁村があった。これらの漁村は「御菜八か浦」に指定されており、江戸城へ魚の献上をしていた。『金川砂子』には「神奈川名産之図」として車海老・アイナメ・モイヲ・ヲヲノなどの魚貝類が載せられている。神奈川浦でとれた新鮮な魚貝類は船宿の食卓に載り、旅人の舌をおおいに楽しませたのである。

神奈川宿のはずれ、間の村の芝生村には河岸があり、武蔵や相模の内陸部からの物資が集まっていた。芝生村には浅間神社があり、ここには富士に通じるという伝説の「富士の人穴」という洞窟があり、『東海道名所図会』にも載る名所となっていた。

神奈川宿を結ぶ往還

神奈川宿から周辺へはさまざまな道が通じていた。代表的な道としては、綱島を経由して稲毛、溝口に至る稲毛道、恩田川南岸、北岸を通って八王子方面に向う神奈川道があった。

神奈川町には十七世紀前半までは将軍の上洛の際の宿泊施設としての御殿（神奈川御殿）が設置されていた。神奈川町の小字・飯田町から六角橋、岸根を経て小机に向う道は飯田道と呼ばれた。飯田道は小田原北条氏が南関東を支配していた時期には武蔵国における有力な支城であった小机城へ向うルートとして使われた道である。小机から先は中原街道、矢倉沢往還と交わり神奈川道と呼ばれた。芝生村から保土ケ谷へ向う途中には追分という場所があり、芝生から帷子川の上流を辿り、町田・八王子方面へと通じる八王子道が分かれていた。

全国から神奈川湊に集まった物資はこれらの道を通って武蔵・相模の中心地へ運ばれ、地域の産物も神奈川湊に集まった。また、物資を運ぶ道であったと同時に武蔵、相模周辺の庶民が日帰りで神奈川宿へ遊覧にくる道でもあった。名所・旧跡の多い神奈川宿には、物資と人の流れが多く活況を呈していたのである。

安政六年（一八五九）の横浜開港後には、幕府によって急遽横浜道がつくられた。神奈川宿は一時開港場になったが宿場で繁華街でもあったため、結局開港場は横浜に変更された。神奈川には奉行所が置かれ宿場内の寺院が各国の領事館に充てられたのである。開港以前の横浜村は僻地にあったため、東海道筋と連絡するには保土ケ谷から井戸ケ谷、蒔田を通る回り道か、神奈川の舟運を使うしかなかった。だが開港にともない芝生から横浜村に直接行くことのできる道ができたため、以後横浜は急速に発展し、旅人の新たな観光名所となったのである。一方、神奈川湊は文久三年（一八六三）閉港となり、幕末には衰微していった。

第三節　保土ケ谷宿

保土ケ谷の名所・帷子《かたびら》橋

保土ケ谷宿は東海道四番目の宿場で、日本橋からは八里九町である。この先は難所の権太坂をひかえていたため、足腰の弱い者や女性、また見送りで手間をとり旅立ちの時間が遅れた者などが最初に泊まる宿場だった。保土ケ谷町・岩間町・神戸《ごうど》町・帷子町の四町から構成されており、旅籠屋は六七軒あった。

保土ケ谷は戦国時代には後北条氏領で交通の要衝であり、慶長六年（一六〇一）には宿駅となった。だが古道は道が狭く山坂にあったため広くて平坦な道が必要となり、慶安元年（一六四八）に、南東に道筋が付けかえられた。宿場の中心の保土ケ谷町は東方へ移動し、ほかの町も次々に移動した。そのため保土ケ谷宿は「新町」とも称されるようになったのである。

宿場の東端にあった帷子町と神戸町との間には帷子川が流れ、帷子橋が架けられていた。この橋は宿の移転により、保土ケ谷宿が新町になったことから新町橋とも呼ばれていた。江戸中期頃までは帷子橋の近くまで海が入り込んで河港をつくっていたため、内陸の物資を神奈川湊へ積み出しており、港として栄えていた。宝永年間（一七〇四〜一一）の富士山大爆発により港の機能は失われたが、その後も帷子橋を中心に繁華街が形成され旅人で賑わったのである。

広重は保土ケ谷の題材に帷子橋を多く描いている。『保土ケ谷新町橋』（保永堂版）は、江戸側からみた構図で橋を渡る旅人の姿や、対岸には「二八そば」の看板なども見えている。『程ケ谷新町入口』は新町側の橋の袂にある茶屋でくつろぐ旅人の姿が描かれている。そのほか雪景色を背景にした帷子橋などの作品がある。

『江戸名所図会』にも帷子橋両岸に茶屋が並び大勢の人が行き交う姿が描かれており、帷子橋周辺が繁華街として栄えていたことがうかがえる。

観光名所へつながる道

保土ケ谷宿の東には東海道から分かれて金沢道や鎌倉道へ行く通称「金沢横町」があった。金沢横町の道標には「円海山の道・かねさわかまくらみち」「是よりしょうみょうじかまくらすぐ近し」「程ケ谷の枝道曲れ梅乃花」「ほうさう守神、富岡山芋大明神えの道是より行程三里」などの碑が立ち、保土ケ谷からいくつもの道が分かれていた。ほかに金沢横町から弘明寺《ぐみょうじ》観音へ向う道もあった。

「ほうさう守神……」というのは、富岡の芋明神への道

広重の描いた保土ケ谷宿の帷子橋（『東海道五十三次』）

である。疱瘡は治ると顔に「かさ」ができたり、あばたになったりする。これを「いも」といった。疱瘡の予防薬のなかったこの時代、芋明神はこの病気をつかさどる神と信じられ、軽く済むように願をかけたのである。

「程ケ谷の枝道曲がれ梅乃花」というのは俳人其爪の俳句であり、杉田梅園への道しるべであった。杉田村とその一帯は江戸近郊では蒲田の梅林と並ぶ梅の名所として知られていた。

『三浦紀行』（一八〇一）を記した一鶴堂白英は三人の俳人を供に杉田の梅を見物に行く。江戸を出発した一行は途中蒲田の梅園を見て、川崎宿に宿泊。翌日保土ケ谷から金沢道を杉田に向う。保土ケ谷から杉田までは三里である。山を上り、坂を下っていくが、途中食事をする店も茶屋もなかった。金沢道から左に折れて上岡の村落から森（現・磯子区森町）へ出るとここからは梅があって杉田へと続いていた。梅はみな古木で一重の白梅であった。八幡の社地、七曲りというところから、梅林を見た光景を白英は「数千を眼下に見下ろすと、海原に続いて雪のようだった」と表現している。江戸から近ければもっと文人が訪れるのに、と惜しんでもいる。一行はここから山越一里半で金沢へ向っている。このように杉田を経て金沢へ出たり、金沢から杉田に立ち寄る文人墨客は多かった。

文化・文政期に入り、清水浜臣の『杉田日記』（一八一〇）、竹村立義の『杉田図会』（一八二五）などの観梅記が流布すると、江戸庶民の間にも杉田梅園の名は知られるようになったのである。

杉田梅園は、天正年間（一五七三〜九二）に領主が村民の副業にと梅樹を植えさせたことにはじまるが、江戸後期には屏風ケ浦一帯の村々に梅樹が広がった。文化・文政年間には梅実の収穫は年四〇〇石にのぼり、梅干を運ぶ御朱印船が杉田浦から出帆したという（『磯子の史話』）。

杉田梅園へのルートは、金沢道から分かれる陸の道だけでなく、神奈川湊から舟で野毛へ渡る方法もあった。野毛から吉田新田、滝頭へ出て、森、杉田へと向う道である。『杉田日記』の清水浜臣はこのルートを使って杉田へ出ている。杉田で梅見の第一の場所は妙観寺山で、杉田の八幡宮の裏山にあたる。この地を中心に多くの文人墨客が詩歌を詠んだのである。

国境の境木と名物牡丹餅

東海道は保土ケ谷宿を過ぎたあたりから上り坂になる。難所の権太坂である。権太坂を上りきったところには、「投込塚」があり、ここには行き倒れた人の遺骸が投げ込まれた

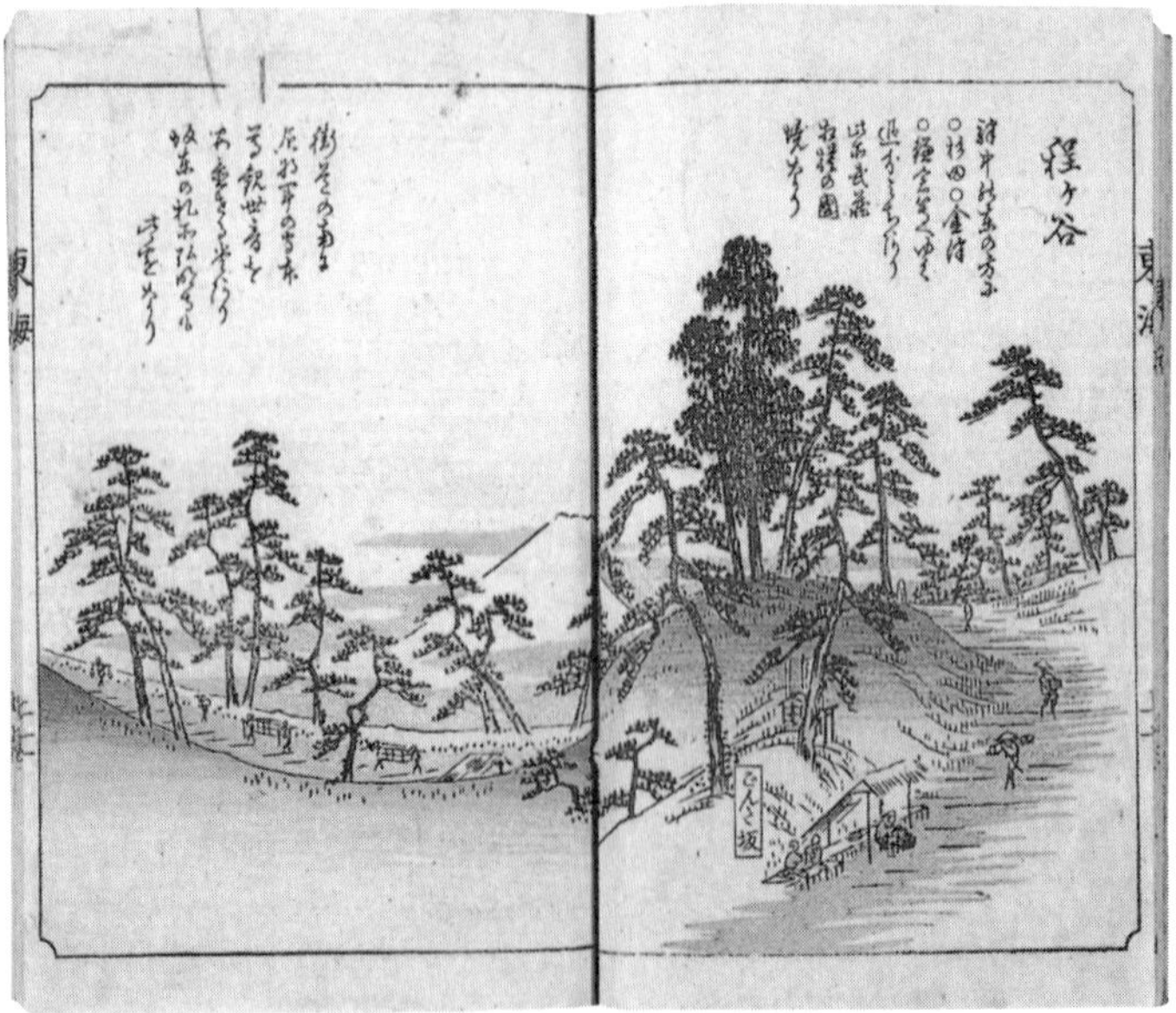

『東海道風景図会』に描かれた「ごんた坂」

という。次の戸塚宿との宿境に境木という立場があり、ここには武蔵国と相模国の国境であることを示す傍示杭があった。権太坂の上り口で標高二五メートルだった道は境木では八〇メートルになる。

境木は両宿の間の最高地にあり、富士から丹沢、箱根の山を眺望することができた。広重の絵にも描かれ、『東海道名所図会』や『江戸名所図会』にも載る名所で、牡丹餅が名物だった。『江戸名所図会』には、牡丹餅を製造する店が三軒あったとあり、地蔵堂の前で手を合わせる旅人の姿が描かれている。地蔵堂も旅の安全を願う人たちに親しまれていた。地蔵堂の前には立場茶屋が並び焼餅を売っていたため、かたわらの下り坂は焼餅坂とも呼ばれた。きつい上り坂をのぼり終えた後に、旅人も馬も一息つくのが境木の立場だったのである。

第四節　戸塚宿

東海道一泊目の宿場町

戸塚宿は東海道五番目の宿場で相模国鎌倉郡に属している。古くは富塚と書き、宿内にある富塚八幡宮がその名の起こりとされている。当初は宿駅ではなかったが、慶長九年（一六〇四）にあらたに宿場の指定を受けた。吉田町・矢部町・戸塚町の三町で構成される。

日本橋からの距離は一〇里一八町で、日本橋を早朝に出発した旅人は戸塚宿に宿泊することが多かった。戸塚宿から分岐する道には、吉田橋から鎌倉へ向う鎌倉道（吉田道）と、不動坂から西に分かれる柏

尾通大山道があった

境木を過ぎるとほぼ尾根づたいに平坦になり、戸塚宿まではほとんど平らな道が四キロほど続く。戸塚宿を離れるあたりで道は柏尾川沿いの平坦な道から上り坂にかかる。この坂は二番坂と呼ばれ、ここから標高六〇〜七〇メートルもある山道が三キロほど続く。この道は松の木立におおわれた昼なお暗い道で、東海道の古図には「このところおそろし」と記されているほどの山道であった。

江戸を早朝に出て権太坂のきつい山越えをしたあと、戸塚宿に着く頃には夕暮れ時であり、宿泊をするには地理的にもちょうどよい場所にあった。二つの丘陵に挟まれた戸塚宿は谷あいの宿として発展する要素をそなえていたといえる。宿駅に指定される前から町が形成されていた形跡があり、文禄元年（一五九二）には徳川氏の内命を受けて駄賃馬を取り立てていた。

だが、なぜか宿駅に指定されなかったために、地元の陳情により宿駅を認められたという経緯がある。戸塚宿成立までのいきさつを簡単にみていくことにしよう。

保土ケ谷宿と藤沢宿の距離は四里あり、しかも上り下りの多い悪路であったため、物資運搬などに難渋した。そのため戸塚宿は宿駅に指定される前から藤沢宿と保土ケ谷宿の間の宿として、駄賃馬を稼いだり、旅人を宿泊させていた。

これをみかねた藤沢宿は慶長八年（一六〇三）戸塚宿の行為の不当さを代官頭彦坂小刑部元正に訴えた。「伝馬役を務めていないのに荷駄の運送を行い駄賃稼ぎをするのは許せない」というわけである。戸塚宿の言い分は「自分達のほかにも日本橋から小田原間で伝馬役の義務を負わずに駄賃稼ぎをしている所は二〇以上ある」というものであったが、代官は聞き入れず、駄賃稼ぎの禁止を言い渡した。青くなったのは戸塚宿である。駄賃稼ぎを禁止されたら毎日の生活に破綻をきたしてしまうため、藤沢・保土ケ谷の両宿にも働きかけ「伝馬役も務めるので宿として認めて欲しい」と幕府に願い出た。藤沢宿には反対されたが、保土ケ谷宿の苅部修理が戸塚宿に同意して幕府に働きかけてくれたため、彦坂もこれを認め、翌慶長九年に宿駅として成立することができたのである。

旅籠屋経営で成り立つ宿

宿駅となってからの戸塚宿は旅籠が発達し、天保期には旅籠数が七五軒と、小田原宿に次ぐ数となっている。東海道を下るときの小田原宿からも一〇里という距離にあったため、帰路にも戸塚宿で泊まる人が多かった。

だが、戸塚宿はほかの宿のように水陸交通には恵まれていなかったため、商圏をもつ宿場町に発展することは不可能だった。戸塚宿にはこれといった名所・景勝地もないため、あくまで旅籠屋経営が宿の大きな柱になっていたのである。戸塚宿が宿場に指定されたことで村民のなかには農閑期商いから専業の旅籠屋や茶屋になったものも多い。広重の五十三次に出てくる吉田町にある「こめや」も農民あがりの茶屋と考えられている。

旅人の宿泊をとるか否かは宿場にとって死活問題であった。そのため、宿場内の町同士でも対立が起こっている。

宿のなかでもっとも古くから旅籠屋を専業としていたのが戸塚町の住人だった。一方吉田町は後からつくられた町で町内には茶屋が一四軒あった。茶屋には宿泊をさせないという規則があったが、明和五年（一七六八）には吉田町の茶屋が旅人を泊めたため、戸塚町の旅籠屋が連盟で吉田町の茶屋での宿泊禁止を申し入れている。

戸塚町は古くから旅籠屋を営んでおり、旅籠屋敷はあるが田畑はない。それに対して吉田町は農間渡世なのだから宿泊客をとらないでほしいというのが言い分であった。だが、吉田町も同じ宿内にあることから完全な制圧はできなかったらしく、寛政五年（一七九三）にも戸塚町の旅籠屋が吉田町の旅人宿泊禁止を申し入れている。

ここで町の並びをみてみると、江戸見付側、すなわち戸塚宿に入ってすぐのところにあるのが、吉田町で、次は矢部町である。早く泊まりたいと思っている旅人が声をかけられれば、吉田町の茶屋に宿泊してしまうのは当然の流れともいえる。そこで戸塚町では旅人が来るのを待っている

広重の描いた戸塚宿の「こめや」(『東海道五十三次』)

だけでは駄目だということで、宿の入口まで問屋一人と馬を連れて出迎えにいくという対策までとるようになったのである。

なお、矢部町には桔梗・岡松・成瀬・大沢などの屋号から旅籠屋まがいの遊廓があったといわれており、飯盛旅籠が置かれていたことが知れる。

大山への道と鎌倉への道

戸塚宿の手前には下柏尾村があり、ここから不動坂を起点とする「柏尾通大山道」が分かれていた。下柏尾から西に入り、岡津町西田から和泉町横根を通り上田に出て、長後・用田・戸田を経て伊勢原から大山に至る道である。道筋の下柏尾、上矢部、岡津、下鶴間の村には参詣者を泊めるための旅籠が発達し、参詣者で賑わった。

宿内に入ると吉田町と矢部町の境には柏尾川が流れており、吉田橋という橋がかかっていた。橋の手前が吉田町で、橋を渡ると矢部町である。広重も戸塚宿の風景として吉田橋を描いている。橋の袂に建つ石柱には「左かまくら道」とある。ここから柏尾川の左岸に沿って鎌倉への道が分岐していた。江戸見付に近い吉田大橋側には茶屋「こめや」の店先が描かれており、店の軒先には「大山講中」「百味講中」「太々講」などの札が掛けられており、講中指定の店であったことがわかる。

戸塚から分岐する鎌倉道（吉田道）は柏尾川の東岸沿いに倉田、飯島を経て巨福呂坂から鎌倉に入る道である。遊覧の道として栄えたが、公的にも用いられた。鎌倉尼寺の英勝寺（徳川水戸家）代々の方丈は、江戸に出府する際には必ず鎌倉道を通り戸塚の沢辺本陣で止宿することを常としていた。天保三年（一八三二）十月、六代清吟尼は文化十四年以来十五年ぶりに一行七六人とともに出府するが、このときも鎌倉道を通り戸塚宿に泊まっている。

また鎌倉道は江戸から鶴岡八幡宮に至る一三里の鎌倉遠馬の道すじにもあたっていた。遠馬は幕府が将軍の近習たちに命じて行わせた遠乗りで、宝暦十二年（一七六二）から文久二年（一八六二）まで一二回あった。沿道の村は遠馬の日には馬の口を洗う水を二キロごとにそなえ、必ず一人の人足をつけておかなければならなかった。だが沿道の人たちにとってはマラソン見物さながらの楽しみで、遠馬がくるのを今や遅しと待ちわびていたという。

戸塚宿は東海道の両宿だけでなく、この鎌倉道を通って鎌倉雪之下まで二里九町の継立をしていた。この道は三浦半島の先端である浦賀方面へ通じる道が分岐していたため、「浦賀道」とも呼ばれた。享保五年（一七二〇）、江戸湾出入りの船を検査する下田奉行所が浦賀に設置されると重要性を増し、交通量も増えた。鎌倉へ遊覧する庶民とともに公人の往来でも賑わったのである。

第五節　藤沢宿

参詣者の増加と飯盛旅籠屋

藤沢宿は東海道第六番目の宿場で、日本橋からは一二里一八町である。宿場は境川の右岸高座郡大久保町・坂戸町と、左岸の鎌倉郡大鋸町の三町から成る。中世には清浄光寺（遊行寺）の門前町として発達し、江戸初期には藤沢御殿が設けられ、近世を通して地域の中心都市でありつづけた。江戸後期になると宿場は江ノ島や鎌倉、大山への参詣客で大変な賑わいをみせた。

戸塚宿から藤沢宿へ入る手前で遊行寺を右手に見ながら遊行坂という急な坂を下る。大鋸橋を渡ると大久保町である。藤沢宿の旅籠屋は、大久保町の東部（旅籠町といわれた）を中心に発達した。天保十四年（一八四三）の旅籠屋の数は四五軒だが、そのうち飯盛旅籠屋の数は半数以上の二七〜二八軒あったとされており、遊廓街としても知られていた。幕末の最盛期には旅籠屋の数は七〇軒以上にのぼり、一〇〇人近くの飯盛女がいたという。

幕府は飯盛旅籠屋の増加に対して享保三年（一七一八）に「今後江戸一〇里四方の道中筋は旅籠屋一軒に飯盛女を二人以上置くことを禁止し、一〇里外の道中筋の旅籠屋もこれに準ずるように」と命じ、以来再三の注意を促していた。

文政八年（一八二五）には、川崎・神奈川・保土ケ谷・戸塚・藤沢の五宿の旅籠屋と宿役人の惣代が連印をもって、関東取締出役に対して、飯盛女の設置についてまぎらわしい渡世や不謹慎なことはしないとの誓約書を書いている。これは裏返せば、この頃には規則が守られることはなく、規定以上の飯盛女を置くことが多くの宿場で日常化していた証しである。

誓約の内容は「旅籠屋に飯盛女を二人以上置かない、飯盛女の衣類は木綿以外は着用させない、往来の旅人を無理に引き留めて、酒食を勧めたり多額の要求をしない」などであるが、このなかに「藤沢宿では、江戸表あるいは近在から江ノ島その他に参詣にくるものが多いが、その際食売女を先々まで遣わして、迎えるということをしない」という項目があり、藤沢宿では、江ノ島や大山への参詣者を対象とした飯盛旅籠が多かったことがわかる。

庶民の紀行文のなかからも当時の状況がうかがえる。『富士道中雑記』（一八三八）を記した一行は江ノ島で宿をとるが、当地の旅籠屋には遊女がいないため、藤沢から呼び寄せようとする。ところが、宿の主人に「一里あまりも経たところから呼び寄せるのは送り迎えの費用だけで一人二〇〇疋もかかるのでつまらないですよ」といわれて取りやめている。このことから江ノ島の宿では客から要望があれば藤沢から遊女を呼び寄せてくれたことが知れるのである。

遊行寺参詣と境内の賑わい

遊行寺（正式名は清浄光寺藤沢山無量光院）は時宗の総本山であるため、人々の往来が絶えない寺院だった。遊行寺は庶民にとって二つの魅力的な顔をもっていた。ひとつは遊行上人そのものの存在である。

遊行上人は寺に住むことをたてまえとせず身を山野に捨て諸国を巡り念仏賦算の旅を続ける捨聖であり、近世を通して庶民の信仰の対象となっていた。江戸幕府も清浄光寺に寺領一〇〇石の朱印を与え、遊行上人の回国にあたって馬五〇疋の徴発権（伝馬朱印状）などの特権を与えて篤く保護したため、地域への影響力は大きかった。

遊行寺の名は、遊行上人の住まう寺であることに由来し、遊行四代の呑海によって正中二年（一三二五）に創建された。上人に触れたり、上人から札を授かると病気が治ると信じられていたため「生き仏」である遊行上人の御札を目当てに遊行寺を訪れる人は絶えなかったのである。

もうひとつは遊行寺の境内が地域の人々との交流の場としての側面をもっていたことである。遊行寺の境内には歌舞伎で庶民に親しまれた有名な小栗判官と照手姫の墓などもあり、常に参詣者が多く活気に溢れていた。なかでも毎年八月二十一日から二十三日まで行われた「開山忌」には近郷から多くの人々が押し寄せ、江戸からも講を結んで多くの人々が参詣に訪れたのである。祭礼の折には江戸から芸人がやってきて境内で落語や浄瑠璃が催されることもあった。

遊行寺境内には江戸文化が花開き、娯楽の場と化

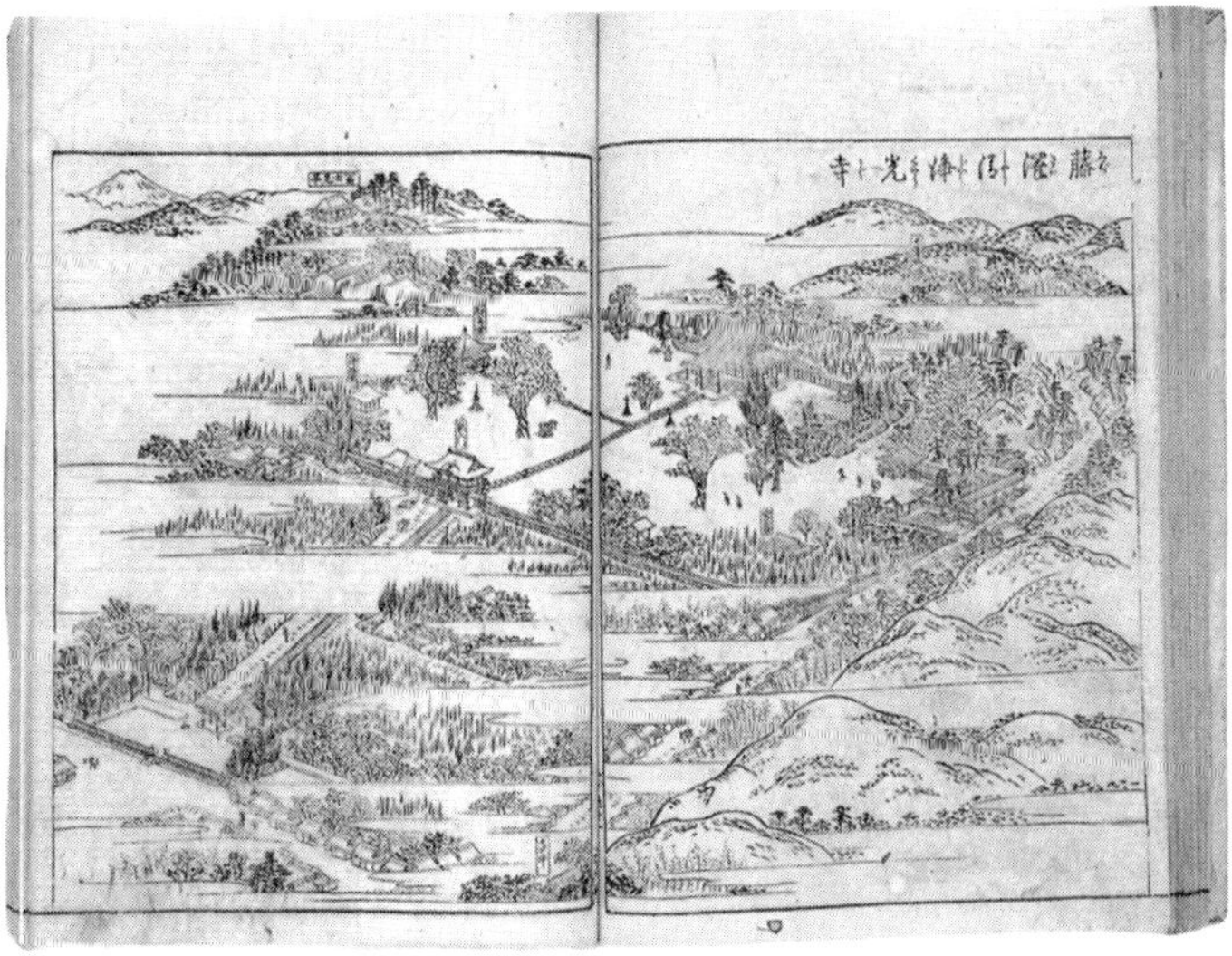

藤沢の遊行寺（清浄光寺）（『東海道名所図会』）

したのである。

藤沢を通る脇往還

藤原宿が繁栄した根本には、宿が交通の要衝にあったことがあげられる。
藤沢宿の商業の中心は「大鋸町《だいぎり》」である。ここはかつて後北条氏支配のもとで「藤沢大鋸引《おおがひき》」を形成した職人の町だったが、近世には月六回の市が開かれ、宿民や近隣の村民、職人、商人が集まった。なかには旅人相手の商人もいて賑わった。

藤沢宿付近には東海道から分岐する参詣の道（大山道・江ノ島道・鎌倉道など）や、藤沢宿を起点とする多くの脇往還が走っていた。おもな脇往還は八王子道、厚木道、中原街道などである。なかでも藤沢宿を経由する八王子道と厚木道は生産物資と消費物資の行き交う道として重要な役目を果たしていた。

八王子道は藤沢宿から八王子に通じる道で、滝山街道とも呼ばれた。戦国時代には後北条氏支配下の玉縄城と八王子城を結ぶ重要な幹線だった。近世には藤沢宿と農村部を結ぶ商品流通の道として栄えた。藤沢市内の継立場は亀井野と長後にあったが、亀井野には月六度の塩市が立ち、酒屋、駄菓子屋などが並び賑わったのである。

厚木道は、矢倉沢往還の継立場厚木を結ぶ道である。厚木も地域の中心都市であり、流通の要の町であった。この道は別名「星の谷道」ともいわれ、坂東三十三観音のひとつである座間の星谷観音へ向う道でもあった。

このように近世の藤沢宿は、遊行寺の門前町や参詣の道として賑わっただけでなく、商品流通中心の町として、近郷からも多くの人が行き交い、活気に溢れていたのである。

南湖の立場と左富士

藤沢と平塚の間には四ツ谷・菱沼・南湖に立場茶屋があった。なかでも間の宿茅ケ崎村南湖の立場は、茶屋町と称せられる大きな立場で二階建ての茶屋が立ち並んでいた。南湖が町場化するようになるのは元禄から享保頃で、その後大名が休憩する本陣茶屋が設けられた。

本陣茶屋松屋は、明治初年まで本陣といわれ、表間口二〇間（三六・二メートル）二階建てだった。ほかに脇本陣「江戸屋」といわれた松屋と並ぶ由緒ある立場茶屋があった。

享和元年（一八〇一）大田南畝は東海道の旅の途中で江戸屋に立ち寄り、「江戸っ子が南湖では新鮮ななますが一番だと口々にいっていた

広重画「南湖の松原左り不二」
（『東海道五十三次』）

が、評判どおり生きのよいしこのなますが運ばれてきた。松露という茸をいれた吸い物も珍しかった」と述べていることから、南湖のなますは当時すでに江戸では名物として知られていたことがわかる。

南湖の立場は茶屋本陣のある大きな立場ではあったが、次の宿まで近いため、宿泊施設はなく、名物のある茶屋として栄えたのである。

さて、南湖付近にはもうひとつ観光名所があった。「南湖の左富士」である。南湖の立場から平塚方面へ向うと下町屋にかけて道は右にカーブする。鳥井戸橋にさしかかり、この橋の上から富士山をみると、今まで右に見えていた富士山が左にみえるのである。東海道のなかで左手に富士山をみる場所は南湖のほかには三島宿（静岡県）が知られている。広重の『東海道五十三次』のなかにも「南湖の松原左り不二」の一枚があり、旅人の人気スポットとなっていた。旅人は富士山を左手に見ながら、次の宿へと足を進めたのである。

第六節　平塚宿

馬入の渡しと須賀湊

平塚宿は日本橋から一六里、東海道七番目の宿場で、隣の大磯宿までは二七町の道のりである。女性や足の弱い旅人は江戸から二泊目を平塚泊まりとする場合が多かった。

平塚の名は鎌倉時代からみえ、戦国時代には小田原北条氏の支配下にあり、交通・軍事上の要衝だった。慶長六年（一六〇一）に宿駅として指定されたが、宿駅窮乏のために慶安四年（一六五一）八幡村の一部が「平塚新宿」として加宿された。本宿は東から拾八軒町・二十四軒町・東仲町・西仲町・柳町の五町から構成される。陸路は東海道のほかに中原街道、八王子道が走り、海上は相模川河口の須賀湊が物資集散の地として繁栄した。

平塚宿周辺は東海道のなかでも海岸に沿っているため松並木が多かった。南は御林が海辺まで連なり、北は田畑と御林があった。

平塚宿の手前には慶長六年に東海道の宿駅とともに設置された「馬入の渡し」という渡船場があり、旅人は馬入川を渡船で越えなければならなかった。

渡船業務は基本的には馬入村の船六艘（渡船三・平田船二・御召船一）と定掛り村から提供された漁船二艘が務め、通行量の多いときは助郷の村々から数艘の船を出していた。乗船賃は人一人の場

広重画「平塚　馬入川舟渡大山を望」
（『東海道五十三次』）

合、元禄三年（一六九〇）には一〇文であったのが、文政二年（一八一九）には一二文、文政八年（一八二五）以降は一五文となっている。川幅は常水で四〇間（七二メートル）、出水時は二倍の八〇間（一四四メートル）にもなった。

川留めで何日も渡船できないときもあったが、小田原方面から来る場合は平塚宿で逗留することになり、宿にとっては臨時収入となった。

馬入の渡しは広重も平塚宿の題材として描いており、中嶋岸から馬入村・平塚宿方向を見渡すと、遠くに富士山と大山を眺望することができた。

一方、須賀湊は相模川の河口をそのまま用いた自然港だった。廻船は元禄四年（一六九一）までは須賀村が独占していたがそれ以降は高座郡柳嶋村と二村で行った。須賀村には廻船九艘・廻船問屋八軒があり、柳嶋村には廻船三艘・小船四艘を置いていた。近世を通して須賀湊は江戸・伊豆下田・三浦三崎への物資集散の要港として繁栄した。海路江戸鉄砲州まで三六里（一四〇キロ）、豆州下田まで三五〜三六里の距離であり、物資だけでなく大山参詣者の海上ルートとしても賑わったのである。

平塚宿周辺の脇往還

平塚宿周辺には東海道のほかにいくつもの脇往還が走っていた。おもな脇街道は、中原街道・八王子道・大山道・十日市場道（曽屋道）・鎌倉道・粕屋道などである。なかでも中原街道は相模国を代表する脇往還であった。

中原街道は平塚で最も古い道のひとつで、後北条氏の時代にはすでに整備されていたと考えられている。江戸初期には徳川家康が中原に御殿（旅宿）を設け、江戸から中原に鷹狩りに来るときに用いた道でもあった。

起点は中原陣屋のある中原村（大磯宿外れの化粧坂ともいわれる）で、田村→一之宮→用田→瀬谷→佐江戸→小杉村を通り丸子の渡しで多摩川を渡り、江戸城虎ノ門へ至る。中原～江戸間には寛文十一年（一六七一）までに、用田・瀬谷・佐江戸・小杉の四カ村に継立場が設置され、江戸中期以降は沿線の物資や農作物を輸送する道に利用された。とくに用田の継立場は柏尾通大山道と厚木道が交差しており、各地から集まる旅人や物資を運ぶ商人たちで賑わいをみせたのである。

八王子道は平塚新宿から出た脇往還で、八幡→四之宮→田村を北上して厚木に入り、厚木から八王子へ至る道で、秩父や甲州方面からの物資を運ぶ輸送道路でもあった。輸送された物資は須賀湊に運ばれ海路江戸へと送られたため、陸路と水路を結ぶ道としても重要な道だったといえる。

平塚新宿八幡神社からも二つの脇往還が走っていた。大山道と曽屋道である。大山道は平塚新宿八幡神社より入り、宇比丘尼御林の中で曽根屋道と分かれ、中原上・下宿村に入り、渋田川を渡り、豊田宮下村に達し、豊田本郷村から鈴川沿いに北へ進み岡崎の台地を経て伊勢原・大山へ向う道である。大山参詣の道であると同時に伊勢原と平塚を結ぶ物資輸送の道としても活用された。

曽屋道は、平塚新宿から曽屋村十日市場（秦野）へ通じた道で、別名「秦野道」「十日市場道」ともいわれた。宇比丘尼御林の中で大山道と分岐して左に進み中原下宿から南原、長持、南金目を経て下大槻、上大槻の各村を通り曽屋村へ至る道である。金目川に沿って伸びるこの道は周辺の村の年貢廻送に利用された。

十日市場は『新編相模国風土記稿』に「古き市場にして今も一・六の日に市立ちて雑穀・農具・薪等をひさぎ、近郷の者集えり」とあり、農間稼ぎで婦女子の織った麻布、綿布などの売買も行われるなど、江戸後期には一段と商業活動が盛んになっていた。十日市場は矢倉沢往還の継立場としての性格もあり、伊勢原や小田原城下などの商品流通も行われていた。近隣の人々は市場で日常生活に必要な物資や名産品、また商品の新情報などを手に入れることができたのである。

このように、平塚宿周辺の脇往還は各地域から庶民が参詣に用いた道であるとともに、物資の輸送路として機能していたことがわかる。つまり、平塚宿は近隣からのさまざまな情報と物資が集まる地域センターとしての役割も担っていたといえよう。

第七節　大磯宿

鴫立庵を訪れる旅人たち

大磯宿は東海道八番目の宿場で日本橋からは一六里二七町である。平塚宿からは二七町で、神奈川九宿のうち、宿と宿の間がもっとも短い宿場だった。慶長六年（一六〇一）に宿場として成立したが、交通量の増大に対応するため、寛文の頃には小磯を二分して東小磯を加宿した。江戸方より山王町・神明町・北本町・南本町・南茶屋町・南台町（加宿東小磯村内）の六町から成る。このほか宿内の海寄りに裏町あるいは裏通りといわれた北下町・南下町の二町があり漁師町となっていた。

大磯宿は平安時代後期には相模国府の所在地であったと推定されており、鎌倉時代には宿場があり遊女を置く宿もあった。風光明媚な土地柄で鴫立庵という名所もあり、旅人にとっては小休憩の場所ともなっていたが、江戸後期になると次第に疲弊していく。

平塚宿との境である花水橋を渡り、もろこしが原と呼ばれた野原の道を高麗山の山麓を望みながら進み、ゆるやかな化粧坂《けわいざか》を過ぎると大磯宿山王町に入る。化粧坂という名前は虎御前が化粧をした井戸が残る地であったことに由来する。大磯宿は曽我十郎の愛人であったという虎御前ゆかりの地で、たとえば延台寺には曽我十郎の身代わりになって助けたと伝えられる「虎御石」があり、旅人が必ず訪れる名所になっていた。

平塚から大磯にかけての海辺一帯は松並木の続く風光明媚な土地で旅人の旅情を誘うものがあった。なかでも現在も俳諧道場として知られる鴫立庵《しぎたつあん》は大磯宿の名所として江戸時代には多くの人が訪れた。

鴫立庵は大磯宿内南茶屋町と加宿東小磯村との境にあり、鴫立沢とも呼ばれていた。庵の付近には松林があり、南の海に面したこの場所は「小余綾《こゆるぎ》の磯」といわれ、古くから歌枕に詠まれた場所であった。広重も大磯宿の題材に「小余綾の磯」を選んでいる。西行法師は東国行脚で秋の夕暮れに磯の西方の沢辺を通りかかったときに、鴫が立ち去るのを見て物淋しさを覚え、「心なき身にもあはれは知られけり　鴫立沢の秋の夕暮」と詠んだ。

鴫立庵は小田原宿の薬商外郎《ういろう》家の出といわれる崇雪がこの西行の詠じた歌にちなんで当地に庵を結び、寛文四年（一六六四）に五智如来の石仏を造り鴫立庵の標石を建てたのがそのはじまりとされている。元禄八年（一六九五）俳人大淀三千風が入庵後には、西行の古像を安置し庭園などを造ったことで俳諧道場として知られるところとなり、多くの文人墨客が足を運ぶようになったのである。

立地がはばむ大磯宿の発展

観光客にとっては風流な土地柄も住民にとっては必ずしも暮らしやすい土地ではなかった。田んぼは海辺の近くや山間にあるため、潮水の影響を受けて稲の実りは悪く、全滅的な被害を受ける場合もあった。畑も砂地か山続きの場所にあるため旱魃の時は砂地の作物が立ち枯れになるなど、農作に適していなかった。また狭長の土地に家屋が密集しており、海岸に近いため風が強く、火事

広重画「大磯　鴫立沢西行庵」（『東海道五十三次』）

ともなれば一段と火勢をあおられその被害は大きかった。そのうえ、江戸後期になると宿泊客が減少し大磯宿は疲弊する。そこで困窮のための願い書を幕府に何度も出すようになるのである。

大磯宿が疲弊した理由のひとつには平塚宿との関係をあげることができる。大磯と平塚は一里足らずの近距離であったため、両宿および助郷の村々が「合宿（片継ぎ）」で人馬の継立を務めることになっていた。人馬の継送り法は、上りは平塚宿が担当し平塚宿から小田原宿までを継ぎ立てる。下りは大磯宿が担当し、大磯から藤沢までを継ぎ立てるというものだった。どちらの宿場までも四里近くあり、そのうえ途中に酒匂川や馬入川を控えていたため、出水による川留めなどもあり労力や費用の負担は大きかった。そのため元禄十一年（一六九八）には両宿が「助郷困窮報告書」を提出している。これにより助郷村は増村されたが、根本的な解決には至っていない。

江戸後期に平塚宿が交通の要衝として発展していったのに対して、大磯宿は宿としての発展をはばまれていた。大磯宿は東南は海岸で後背地を山で遮られていたため、在方への道筋もなく、商業圏として発展する要素を持ち合わせていなかったのである。

天保十四年（一八四三）に大磯宿が出した「宿方困窮に付御趣法向願書」には「近年は以前と違って平塚宿にも手広い旅籠ができた。馬入川の増水で川留めのときも旅客は平塚宿に泊まることが多い。箱根方面から来る客も大磯を通過して平塚宿に泊まることが多くなった」とある。箱根や小田原の泊まり客は平塚宿へ流れ、大磯は昼食などの小休息に利用されることが多くなったため、宿の経営は困難をきわめたのである。

川留め客で賑わった梅沢の立場

大磯宿の繁栄を阻んだもうひとつの要因としては、間の宿梅沢の立場の存在をあげることができる。大磯宿から隣の小田原宿までは約四里の距離があるため、大磯宿から一里の所に中丸の立場があり、一里半の所に梅沢の立場があった。なかでも山西村梅沢（現・二宮町）は間の宿として急激に発展したため、大磯の旅籠は大打撃を受けたのである。

梅沢は古くから川匂神社の門前町として栄えており、町場が形成されていた。宿場的要素が整ったのは元禄年間以降と考えられている。梅沢の立場は押切川に近い村の西端を茶屋町と呼び、茶屋本陣「松屋」を中心に茶屋町を形成していた。町には商店のほか、かご屋、荷宿、伝馬などの屋号を持つ家々が並び、さながら宿場の様相を呈していたのである。

梅沢の立場は交通量の増大とともに繁昌していくが、その理由のひとつには、茶立女（給仕女）を置いて旅籠を営んでいたことがあげられる。茶立女とは飯盛女と同様の娼婦であり、飯盛旅籠まがいの行為が行われていたのである。幕府は延宝八年（一六八〇）従来の茶屋以外の新規茶屋を禁止し、茶立女の数を一軒に二人以内に制限するなど統制を強化するが、実際には減少するどころかますます増加していったのである。

とくに梅沢の立場には、茶屋本陣である松屋に幕府役人、参勤交代の諸大名などが半ば公然と宿泊しており、大名が泊まりきれない場合にはほかの旅籠もこれに応じていたため、松屋を中心に旅籠経営が活性化していったのである。

酒匂川の存在も大きかった。小田原宿へ入る前には酒匂川を渡らなければならない。酒匂川は川幅五町二〇間で冬期は仮橋が架けられたが、それ以外は歩行《かち》渡しだった。旅人は賃金を払って川越人足を雇い、肩車、輦台などの方法で川を渡った。川越賃は文政元年（一八一八）の段階で平水四六文、増水時六二文とかなり高額である。だがそれ以上に問題だったのは、しばしば「川つかえ」となり足止めをくったことだった。川つかえの場合、本来は宿場まで戻らなければならなかった。だが大磯宿までは距離があるため梅沢の立場で逗留するケースが増えた。おまけに間の宿の宿泊賃は正規の宿場より格安であったため、予算外の出費を少しでも減らそうと梅沢で宿をとるものが多くなったのである。

　このように、いろいろな条件が重なった結果、平塚宿と間の宿梅沢にはさまれた大磯宿は時代が下るとともに衰微していったのである。

酒匂川の歩行渡し（広重画『東海道五十三次』）

第八節　小田原宿

城下町のなかの宿場町

小田原宿は日本橋から二〇里二七町、江戸を出発した旅人は二泊目を小田原でとるケースが多かった。

小田原は十五世紀に大森氏が城を築いたことにはじまり、後北条氏時代には関東随一の城下町へと発達を遂げた。戦国城郭都市としての水準に達していた小田原の都市機能は織豊政権期から江戸期にかけてもそのまま維持された。家康の家臣大久保忠世を藩主とする藩領となり、近世を通じて関東の入口を押える要塞として重要視されたのである。宿場町の形成は慶長六年（一六〇一）以降だが、元和五年（一六一九）に箱根関所が設置されたことにより、小田原宿は関所を控えた宿場として次第に整備され、城下町のなかにある宿場町として独自の発展をしていく。

小田原藩の城主は大久保氏（前期）・阿部氏・稲葉氏・大久保氏（後期）と替わるが、近世の小田原城とその城下町が整ったのは寛永年間の稲葉氏治世からである。最初の大久保氏の治世には四万石だった石高は八万五〇〇〇石に加増され、大手門の付け替えなどの城下町の整備が行われ、この頃から東海道屈指の宿場として発展していった。

江戸時代の小田原は城を中心に町が形成されており、小田原城下は「小田原府内」と総称された。小田原府内は大きく分けて、一、外堀に囲まれた本丸御殿（将軍専用の施設）を中心とする丸の内空間、二、本丸を囲むように分散配置された侍屋敷地、三、街道沿いの町人町（城下町）四、街道に面していない谷津村、五、外縁部にある寺社地で構成されていた。このうち武家の住居空間が府内の半分以上を占めていた。丸の内への出入りは、大手口・箱根口（欄干口）・幸田口（四ツ谷口）・谷津口（谷口）の四カ所に限られ、それぞれ番所が置かれ、一般庶民の出入りを取り締まっていた。

城下一九町のなかで、宿場町は東海道に沿った「通り町」九町（新宿町・万町・高梨町・宮前町・本町・中宿町・欄干橋町・筋違橋町・山角町）と、ほぼ南北に位置する脇町一〇町で構成されていた。とくに通り町は東海道の宿駅機能を担っていたため、小田原宿と呼ばれた。

本陣・脇本陣・旅籠など宿駅の中心は高梨町・宮前町・本町・中宿・欄干橋町に集中していた。旅籠数九五軒は神奈川九宿中最大の規模で、公用人や参勤交代の大名のための本陣・脇本陣は各四軒ずつ、合計八軒あり、東海道随一の数を誇っていた。

脇町のうち漁師が多く住んでいる千度小路と古新宿町の二町は小田原浦と呼ばれた。千度小路の浜には浦番所・浦高札場が置かれ、荷揚げ場もあった。

問屋場は二カ所あった。小田原宿の伝馬継立の範囲は東が大磯宿までで四里、西は箱根宿までで四里八町だったが、箱根宿には人足が常備されていなかったため、小田原宿の人足が箱根の先の三島宿まで（八里）を担っていた。問屋のほかに本町には公用の継飛脚を担当する御用物継所があり、万町には紀州藩の飛脚を継ぎ送る七里役所が置かれていた。このように小田原は城下・宿駅・浦などが集約された大都市であった。また関東の中心都市として運輸・通信機能を担う大切な位置にあったのである。

小田原宿のおもな脇往還には矢倉沢往還と熱海入湯道があった。矢倉沢往還は小田原藩が駿河国御厨領への年貢輸送に利用した領内交通の基幹だった。熱海入湯道は相模湾西岸を熱海に通じる道であり、途中根府川の白糸川の岸に「根府川関所」が設けられていたため、根府川道とも呼ばれた。

小田原宿の疲弊と飯盛旅籠

城下町にある宿場として繁栄を見せた小田原宿だが、文化年間に入ると次第に疲弊していく。小田原宿は城下町ならではの大きな負担を抱えていた。宿の財政を支えていた収入源は幕府からの拝借金とその運用利息、人馬賃銭の割り増しによる刎銭《はねせん》などであった。だが、大名の参勤交代や幕府公用の人馬利用が激増したため、伝馬役の負担も過重をきわめていたのである。

結局、宿活性化のための唯一の方法は宿に旅行者を泊まらせ、往来を繁昌させることにあった。そのためには飯盛女を設置して、その稼ぎ代（揚代）の刎銭をもって宿財政の赤字を埋めるという方法が考えられた。

小田原宿では寛文年間に飯盛女設置許可願いを出しており、その後も数回にわたり出願しているが、風紀上の問題からいずれも不許可であった。享和二年（一八〇二）の宿の窮状を訴える願書には「近年になって人々の往来もめっきり減り、一カ月のうち二〇日余も宿泊客が一人もない旅籠屋もあり、日々の生活に影響している」とあり、旅籠経営の困難さを訴えている。だがこのときも金三〇〇〇両が無利息で貸し下げられたが、やはり設置は許可されていない。

文化・文政期には、先にみてきたように旅人の湯本での一夜湯治が多くなり、小田原宿の宿泊客減少の一因にもなっていた。

一夜湯治の件で小田原宿が敗訴となったことがきっかけで、文化三年（一八〇六）の願書が受け入れられ、ようやく飯盛旅籠が設置された。設置にあたってはさまざまな制限が加えられ、しかも文化三年から五年間という期限付きの営業許可だった。だが宿財政の窮乏は慢性化していたため、五年ずつの営業許可が繰り返され、天保期には小田原宿では約八〇軒の旅籠屋が飯盛女をかかえていたといわれる。

安政六年（一八五九）の「宿賄請払勘定帳」を見ると、飯盛助成刎銭は金一四〇両となっている。これは揚代の約一割とみられるため、この年の飯盛女の稼ぎは一四〇〇両余りであったことがわかる。宿全体の財政収入からみれば約七%にすぎないが、宿の活性化には一役買っていたようだ。宿場の側からみれば、飯盛女を設置しているというだけで旅人の逗留が増え、消費を助長させるため、しいては町の活性化につながったのである。

小田原の名産品

小田原は後北条氏の時代から城下町として栄えており、その時代から店を構えている商人や職人がたくさんいた。そのため、多くの名産品が生まれた。

宿場のなかにも土産物を売る有名な店がいくつかあった。なかでも旅人に人気があったのは欄干橋町で秘薬「透頂香《とうちんこう》」を販売していた薬商外郎《ういろう》家である。

外郎家は北条時代以来の由緒ある旧家で、当主は代々宿老を務めていた。店舗はひときわ目を引く八ッ棟造りという独特の屋根造りで、『東海道名所図会』の挿絵にも描かれている。享保頃、二代目市川団十郎は「透頂香」で持病の痰と咳が治ったのに感謝して「外郎売り」を歌舞伎に取り入れた。これが歌舞伎の十八番となったために、外郎家は城下一番の観光スポットとなったのである。外郎の薬であることから「ういろう」の名で親しまれるようになり、道中の常備薬として旅人に愛用された。

小田原提灯は細長の筒状のもので小さく折りたたんで懐中に入れることができ、風雨にあっても破れない丈夫さも人気があり、旅人に重宝された。小田原提灯を売る提灯屋は新宿町と万町に一軒ずつあった。

小田原の特産品として有名なものに梅干がある。『小田原市史』によれば、小田原での梅の栽培が急速に広がったのは近世後期の大久保忠真の治世である。文化・文政期以降、箱根越えの旅人が増加したため、小田原の旅籠屋では、朝、宿を発つ客の弁当に腐敗防止の目的から梅の塩漬けを携帯させた。そのため宿内での梅の需要が激増し、梅漬けの生産加工が盛んになったという。

旅人は小田原の宿で旅の必需品を手に入れ、これから待ち受ける箱根の難所越えに備えたのである。

第九節　箱根宿

往還稼業で成り立つ箱根宿

箱根宿は江戸から数えて十番目の宿場で、日本橋からの距離は二四里三五町である。宿の成立は元和四年（一六一八）で、箱根山越えの便宜を図るため、新たに芦ノ湖畔につくられた宿場である。翌年には宿場に隣接して関所が設けられており、関所通過の宿場としての特徴をもっていた。関所ができた頃、箱根道には夏の日よけ、冬の防雪を目的にして松・杉並木が植えられた。

箱根宿は標高七〇〇メートルを越える東海道中最も高所に設けられた宿場であった。箱根宿の設置場所については、「元箱根」が候補地にあげられていたが、古くからの門前町であり箱根権現に仕えてきたなどの理由で、地元住民などの反対にあい、宿場として再編成することができなかった。

そこで芦ノ湖の原野に、小田原・三島の各宿から五〇戸ずつ人家を移住させ箱根宿を開設させたのである。そのため箱根宿は、小田原藩と三島代官の支配という特殊な「相給」支配を受けることになった。東から新谷町・新町・小田原町が小田原藩の支配で、三島町と芦川町が三島代官の支配であった。本陣は小田原町に四軒、三島町に二軒あり、脇本陣は三島町にあった。関所は小田原藩が管理と運営をしていた。小規模な宿場ながら本陣六という数は浜松宿と並び東海道随一

魚屋北渓画「相州箱根関」

で、箱根越えをする諸大名の宿泊頻度の高さを物語っている。

箱根宿は田畑がない土地柄であったため幕府からいろいろな助成を受けている。ひとつには地子免除が適用され、宿全体が無税であった。また伝馬役は課せられていたが伝馬人足は設置だけで継立は免除されており、御用荷物は小田原宿・三島宿の人足が継通したのである。

箱根関所の成立は宿ができた翌年の元和五年（一六一九）と考えられている。関所は箱根宿の東端で背後には屛風山、前面には湖という交通上の要害地に置かれた。以後箱根宿は関所のある宿として発展していった。

江戸初期には一〇〇軒だった家数も天保年間には家数一九七軒、人口八四四人に増え、宿場町としての形を整えていた。さらに箱根を中心に東西を結ぶ道には、五ケ所に裏関所（根府川・仙石原・矢倉沢・川村・谷ケ《やが》）が置かれ厳重な取締りが行われた。仙石原関所は箱根の裏街道を取り締まり、矢倉沢関所は足柄越えの街道を取り締まった。根府川関所は熱海入湯道を取り締まったが、柵を海にまで巡らして厳重であったという。

箱根関所手前にあった新谷町は、立場を兼ねての待合の茶屋が一五軒ほどあり、関所との関わりが深い町であった。茶屋では不慣れな旅行者のために手形の下調べをしてくれたり、関所通行の作法を旅人に手引きするなどのサービスを行っていた。

箱根宿の職業構成をみると旅籠屋・茶屋などの休泊関係が三二％、往還稼ぎ・飛脚屋などの運輸関係が三四％、山稼ぎが一八％となっており、そのほとんどが往還関係の仕事で成り立っていたことがわかる。

だが、往還に関係する仕事で得たわずかな収入で生活をしていかなければならなかったため、暮らし向きは豊かとはいえなかったようだ。さらに江戸後期には先にみてきたように、一夜湯治が認められ湯本で泊まる旅客が増えたため、箱根宿の旅籠屋も大きな打撃を受けたのである。

旅人悩ます箱根峠越えの道

東海道最大の難所で、俗に天下の嶮といわれた箱根八里のルートは、箱根越えの間道としては戦国時代にすでに使用されていたが、江戸時代に入ってから官道として整えられた道である。

湯本の三枚橋で早川を渡り、早雲寺を通り、須雲川に沿って湯本茶屋・須雲川・畑宿などの「間の宿」を経て、二子山と屏風山を結ぶ鞍部へ上り、芦ノ湖を望みながら箱根宿へ至る。芦川を経て箱根峠を上ったところが相模と伊豆の国境である。小田原からこの地点までが半分の四里で、「東坂」と称される部分である。ここから国境を越えて箱根山の西側、三島宿までの下り四里の道は「西坂」と呼ばれた。つまり、箱根八里とは、小田原から箱根を越えて三島に至るまでの道の距離をいったのである。

この箱根八里が開かれる以前は「湯坂路」が箱根越えのおもなルートだった。湯坂路は、湯本から湯坂山→浅間山→鷹巣山を経て芦之湯へ下り、精進ケ池→箱根神社→芦ノ湖畔の芦川宿から箱根峠を経て三島へ至る道である。

湯坂路が見通しのよい尾根上に開かれた道であったのに対して、箱根八里の国境までの道は大半が須雲川に沿った谷沿いのじめじめとした悪路であった。

なぜ、家康は明るい道から谷沿いの道への付け替えを行ったのだろうか。ひとつには、小田原から三島宿への最短距離を結ぶためであったと考えられている。だが、最大の理由は軍事防衛上のためであったと考えられている。だが、最大の理由は軍事防衛上のためであった。三島までの下り四里の道は見晴らしの良い尾根道である。つまり西からの攻撃に備えるためには、三島から箱根峠までは敵の動きが一目でわかる尾根道を整える必要があった。そして箱根宿から小田原までは、尾根筋に味方を配置し、敵を谷沿いの道に誘い込み攻撃をかけやすい谷沿いの道を整えたのである。

ところで、箱根の道といえば石畳の道というイメージがあるが、石畳が敷かれるまでにはいくつかの道の変遷があった。

江戸初期の箱根道は土道であったため、とくに雨や雪の後は泥道と化し、ぬかるみが深く膝まで没する道を歩かなければならず、旅人を悩ませた。そこで泥濘を防ぐため、幕府は毎年箱根山に自生する箱根竹を刈り、道に敷いた。だが竹は腐ってしまうため、一年ごとに敷き替えなければならなかった。敷竹のための竹は年間一七万八〇〇〇本、人足は三〇〇〇人が必要となり負担が大きすぎた。そこで延宝八年（一六八〇）幕府は公金一四〇〇両あまりを投じて石畳道に改修した。幕末の文久二年（一八六二）十月には、翌年二月の将軍家茂上洛を前にして全面的な改修も行われている。

だが、石畳の道は旅人にとっても馬にとっても決して歩きやすい道ではなかった。箱根道には女転ばし坂、猿滑り坂などいかにも転びそうな名の坂がいくつもあり、旅人が急坂にあえぎ、難渋することに変わりはなかったのである。箱根の往還には馬や駕籠が使われることが多かったが、その料金は上りより下りの方が高い。箱根の急坂は下りの方が難儀で、旅慣れた飛脚でさえ馬から落ちて急死した例もあるほど危険を伴った。

　このような難所箱根道には、旅人の足を休め体を温める甘酒小屋が各所に設けられていたのである。

間の宿、畑宿の賑わい

　小田原から箱根宿の間には、湯本茶屋・須雲川村・畑宿村の立場があったが、最も賑わいをみせたのが畑宿の立場であった。畑宿村は湯本茶屋からは一里、箱根宿までは一里八町のところにあり、厳しい峠越えの休息には欠かせない場所にあった。『新編相模国風土記稿』には、「民戸連住し宿駅のごとし」とあり、繁栄ぶりがうかがえる。畑宿の名主が営む「茗荷屋」は大規模な茶屋として有名で、浮世絵にも描かれている（歌川芳虎画）。裏手には立派な庭園もあり、大名や公卿などの休憩所ともなっていた。

　畑宿は、江戸時代以前から集落が形成されていた。小田原北条氏は当地に住むろくろ細工師に製品の販売許可に関する朱印状を与えており、その頃から挽き物細工が作られていた。

　寄木細工は、江戸後期に畑宿村出身の石川兵衛という人物が静岡から寄木細工の技法を持ち帰ったことにはじまり、畑宿は箱根寄木細工発祥の地ともなった。文政九年（一八二六）シーボルトは江戸参府の途中、畑宿の茗荷屋に立ち寄り、寄木細工がきれいに並べられているのに感心する。湯本村でも同じように寄木細工を並べた店先をのぞいており、寄木細工が名産品として流布していた様子がうかがえる。

街道土産として広まった箱根細工

江戸中期以降、畑宿の挽き物細工は街道土産として箱根道沿いの村々に広まっていった。箱根七湯の湯治客の増加に伴い温泉湯治客の土産物としても需要を増していき、天保期になると箱根沿道の大半の村で箱根細工の生産が行われるようになった。

箱根細工は品目が多く、盆、丸膳、茶壺、盃、菓子鉢、飯櫃などの生活用品から子どもの玩具などがつくられた。なかでも観光客に人気があったのは挽き物玩具であった。湯本茶屋の木地師によって創られた「芥子《けし》人形」は一寸四方の箱の中に百体近い豆人形が入っているもので、『東海道名所図会』にも載っている。「十二たまご」はたまご形の挽き物玩具を割ると中から一回り小さいたまごが出てきて、そのたまごを割るとさらに一回り小さいものが出くるという仕組みで全部で十二のたまごになるという玩具である。いずれもかさばらないため土産物として人気があった。

幕末になると箱根細工は江戸や横浜などの遠隔地にも広まり、箱根の特産品としてより多くの人々に知られるところとなったのである。

おわりに

江戸庶民の信仰と行楽を相州を中心にみてきた。

江戸時代後期の社寺参詣の旅は物見遊山の旅だといわれる。人びとは参詣に「かこつけて」観光地めぐりを楽しんだ。だが、別の見方をすれば、「かこつけ」なければ長期の旅に出られなかったのが、江戸時代の庶民の旅のスタイルだったといえるだろう。寺社参詣という名目ならば領主も咎めだてはできなかったため、人びとは足をのばし、羽をのばし、旅へ出た。その代表的な旅が伊勢参宮で、講中による旅だったのである。

遊山を兼ねた旅ではあったが、少なくとも現代人よりは、江戸庶民の神仏への信仰や現世利益への要求は強かったといえる。それは封建社会の寺請・檀家制度のもとで、庶民に檀那寺があるものの、そこに精神的なよりどころとなる宗教を求めることはできなかったからである。ここに民間信仰が入り込む余地があった。

本書では大山詣と江ノ島詣という二つの信仰をみてきた。二つを並べてみることで江戸庶民の信仰の異なる側面がわかる。

大山詣は庶民の身近な信仰としてさまざまな側面をもっていた。相州大山は個人の登拝よりも講による登拝が多くみられ、御師と講集団によって支えられた霊山であった。雨乞い、豊作祈願、豊漁、海上安全など古来からある信仰に加えて、都市の職人や商人たちの商売繁昌から招福除災まで、まさに〝よろづの神〟的存在であった。

江戸初期の幕府の宗教政策による修験者の御師化は特別なことではないが、江戸末期に大山の御師が一六〇名余りにも増えたことは特筆できる。大山講と大山詣の盛況はこの御師の熱心な布教活動なくしては語れないのである。御師と講中の関係は檀廻りと坊入りによって成り立っているが、とくに坊入りの際には講中が毎年決まった御師の家に泊まることになる。御師のほうでも旅館同様の準備をして講中を待ち受けるわけだが、毎年のことになると、坊の子どもに手土産を持参する者などもいて、そこにはさながら特定の旅館と馴染み客のような信頼関係も生まれていたことがわかる。

御師は布教活動をする一方で、庶民の世間話や世情不安の聞き役となり、ときには講中の悩みに応えることもあったろう。庶民信仰として大山が隆盛をきわめたのは、根底に御師と講中の人間的な交流があったからだといえるだろう。

江ノ島でも弁財天信仰を流布させたのは島内御師だったが、江ノ島詣の隆盛は「弁財天」という神仏が、開帳により庶民のなかに浸透していったことに特徴がある。

江戸中期以降、江戸市なかにおいて有名な神社・仏閣の境内で、毎日のように行われていたのが寺社の出開帳であった。これは寺社の側からするとＰＲと寄付金目当てであったが、庶民にとっては身近に神仏を拝める絶好の機会であった。開帳が行われる寺社の境内やその周辺の広場には飲食店・遊戯場・見世物小屋などが立ち並ぶ盛り場となった。庶民にとって開帳に出かけることは遊興も味わえる生活のなかの大きな楽しみになっていったのである。

江ノ島での居開帳は、島の観光という遊覧も兼ねたものとなったため、さらなる盛り上がりをみせた。また、江ノ島での開帳を狙った多くの刊行物が出版されたことで、信仰が観光と結びついたという側面をみることができる。もう一つの特徴としては庶民に人気のあった妙音弁財天が福と音楽の神でもあったため、音曲集団をはじめとする女性の信仰が篤かったことで、これも大山信仰と対極をなすものといえるだろう。

江戸近郊行楽地の隆盛は街道とも密接な関わりをもっていた。東海道の神奈川県域には、江ノ島・鎌倉・金沢八景という江戸近郊の行楽地へつながる道がいくつもあった。保土ケ谷からは金沢八景や鎌倉・杉田梅園への道が分かれていたし、戸塚宿からは鎌倉や大山へ通じる道が分かれていた。藤沢宿は江ノ島や大山への中継地点になっていた。各名所の周遊コースもできていたため、観光地として発展していくことができたのである。また観光ルートの途上にあった宿場や継立村は、江戸後期の旅ブームにより繁栄をみせた。

観光地では寺社や旅籠が版元となる、いわゆる在地出版も盛んに行われるようになり、旅人目当ての茶店や土産物屋もでき、観光地としてのスタイルを整えていったのである。

旅のリーダーともいえるのが紀行文を書いた文化人であった。古都鎌倉、金沢八景は歴史ある名所であり、多くの文化人がその魅力を書いている。庶民は道中記だけでなく、これらの紀行文を読んでから当地を訪れることで、旅情を深めることができたのである。

寺社参詣とともに、湯治の旅も人気があった。箱根の温泉へと足を延ばすものも多かった。もともと湯治とは療養目的で行われるものであり、二～三週間は逗留するものであった。だが、江戸後期には「一夜湯治」すなわち一泊二日という旅のスタイルが生まれ、庶民の間に定着していく。七湯をめぐる箱根七湯廻りも流行し、そのための道も整備されていったのである。

江戸後期における旅人の増加は、宿場や旅籠にもさまざまな変化をもたらした。

庶民の往来が盛んになると、各宿場では旅客をつなぎとめようと躍起になる。伝馬継立を義務付けられている宿場はどこも財政が厳しいため、宿財政の助成となる飯盛旅籠を黙認するようになった。

一方、一人旅や女性の旅人からは飯盛女を置かない快適な宿への要求が高まってくる。こうして生まれたのが浪花講で、現在でいえば旅行会社の協定旅館組合である。大山講、富士講などの講中による団体旅行も多くなるが、講中の指定旅籠や茶屋も決まっていた。店の前には「まねき看板」が掲げられ、旅籠側にとっても安心の宿としてＰＲすることができたのである。

講中による団体旅行は箱根湯治にも及ぶ。箱根七湯は江戸後期には協定を結んだ。これは箱根七湯の客を一般旅籠の客引きから奪われないためのものであり、後期における旅行者の増大を裏づけるものといえよう。

東海道の各宿には数多くの名所があり、評判の茶屋や土産物屋があった。川崎宿の万年屋、神奈川宿の亀甲煎餅、境木立場の名物牡丹餅など、『江戸名所図会』などに紹介されたこれらの店には旅人の多くが立ち寄っている。また小田原宿の小田原提灯や、箱根宿の箱根細工など、旅人が土産物にしたことで評判となり、街道名物として定着していったものも数多く存在した。このように街道を往き来する人たちの口コミによる情報も、さまざまな流行を生む地盤となっていたことがわかる。

さて本書の行楽の旅は箱根で終わる。正確にいえば箱根関所の手前である。往来手形や関所手形のいらない手軽な旅こそ、「行楽の旅」であったからである。箱根への遊覧者の日記には関所の近くまで行き、見物して帰るという者も散見する。江戸庶民にとって関所は隠れた名所だったのかもしれない。

参考文献

第一章

新城常三『庶民と旅の歴史』日本放送出版協会　一九七一
新城常三『新稿社寺参詣の社会経済史的研究』塙書房　一九八二
宮本常一『庶民の旅』八坂書房　一九八七
今井金吾『江戸の旅風俗―道中記を中心に』大空社　一九九七
深井甚三『江戸の旅人たち』吉川弘文館　一九九七
『講座日本風俗史』「旅風俗」道中編・宿場編　雄山閣出版　一九八九
大田区立博物館編『弥次さん喜多さんを旅する――旅人百人に聞く江戸時代の旅』一九九七

第二章

根本行道『相模大山と古川柳』東峰書房　一九六九
宮田登・真野俊和ほか共著『関東の民間信仰』明玄書房　一九七三
沼野嘉彦「大山信仰と講社」『日光山と関東の修験道』宮田登・宮本袈裟雄編　名著出版　一九七九
秦野市編『御師の村　漂泊と定住』一九八四

桜井徳太郎『祭と信仰』講談社学術文庫　一九八七
大山阿夫利神社編『相模大山街道』一九八七
圭室文雄編『大山信仰』雄山閣出版　一九九二
内海弁次『相州大山』神奈川新聞社　一九九六

第三章

『相模国紀行文集』神奈川県郷土資料集成第六輯　神奈川県図書館協会　一九六九
『都市・近郊の信仰と遊山・観光』地方史研究協議会編　雄山閣出版　一九九九
鈴木良明『近世仏教と勧化』岩田書院　一九九六
比留間尚『江戸の開帳』吉川弘文館　一九八〇
是沢恭三『江島弁財天信仰史』江島神社社務所　一九八二
笹間良彦『弁才天信仰と俗信』雄山閣出版　一九九一
『鎌倉市史　近世近代紀行地誌編』一九八五
鈴木棠三・澤寿郎『鎌倉古絵図・紀行』東京美術　一九七六

前田元重「武州金沢　能見堂とその出版物について」（上）・（下）『金沢文庫研究』二二七・二二八号
　神奈川県立金沢文庫　一九七五
前田元重「武州金沢　金龍禅院の刊行物について」『三浦古文化』第三七号　一九八五
『金沢八景歴史・景観・美術』神奈川県立金沢文庫　一九九三

・

岩崎宗純『箱根七湯』有隣新書　一九七九
『箱根温泉史』箱根温泉旅館協同組合編・一九八六
『「湯治の道」関係資料調査報告書』箱根町立郷土資料館編　一九九七

第四章

岩崎宗純・内田清・内田哲夫『江戸時代の小田原』小田原市立図書館　一九八〇
阿部正道『かながわの古道』かもめ文庫　一九八一
三輪修三『東海道川崎宿とその周辺』文献出版　一九九五
古江亮仁『江戸時代川崎大師興隆史話』川崎大師遍照叢書　一九九六
『神奈川の東海道（上）（下）』神奈川東海道ルネッサンス推進協議会　一九九九

あとがき

現在私が住んでいる川崎市溝口は、江戸時代には継立場があり、大山への参詣の道として大いに賑わったところである。駅前の交差点には今も「片町の庚申塔」があり、家の裏手には、今でも自転車の使えない、ねもじり坂という急坂が走り、その傍らには「笹の原の子育て地蔵堂」がある。

郷土の歴史に興味をもった私が卒業論文に選んだのは矢倉沢往還であった。以来、神奈川の歴史の道については関心をもちつづけてきた。また、大山信仰にも以前から興味があり、関係する史料にも目を通してきた。今回あらためて大山の歴史を調査する機会を得て、郷土への関心はますます強くなった感がある。

ここ数年、歴史街道をテーマにした執筆を手がけてきたが、このたび、恩師である法政大学名誉教授村上直先生のご紹介で、街道と深く関わりのある「旅と信仰」ついて書かせていただく機会をえた。だが、フタを開けてみると、ひとつひとつのテーマの歴史は深く、史料の収集と読み込みには想像以上の時間がかかってしまった。エリアが広かったため踏み込みの足りなかった部分もあると思うが、今後の課題にしたい。

私は旅が好きで、ときおり旅のエッセイを書く。江戸後期の文化人や旅人の紀行文はたくさんのものが翻刻されており、旅先での流行や関心事を知ることができたのは興味深かった。昨年は東海道関連のイベントが多く、神奈川県内のさまざまな博物館で実物の浮世絵や絵図を見る機会もあり、江戸後期の庶民文化の隆盛を肌で感じとることもできた。そうした体験も本書執筆に大いに役立った。

執筆にあたっては多くの先行研究者諸氏の論文や自治体市史を参考にさせていただいた。この場を借りてお礼申し上げたい。

最後になるが、終始ご指導とご助言いただいた村上先生には心からの感謝を申し上げるとともに、出版にあたり大変お世話になった同成社の山脇洋亮氏にも、厚くお礼申し上げたい。

二〇〇二年二月

池上真由美

江戸《えど》庶民《しよみん》の信仰《しんこう》と行楽《こうらく》

著者略歴

池上真由美（いけがみ　まゆみ）

東京生まれ。法政大学文学部史学科卒業。

雑誌編集者を経て、現在フリーライター。

旅行作家の会会員。

研究テーマは歴史街道。

著書

　『多摩の街道』（共著）けやき出版、1999年

現住所　〒213-0033　川崎市高津区下作延337

2002年4月1日発行

著　者　池上真由美

発行者　山脇洋亮

印刷者　亜細亜印刷㈱

発行所　東京都千代田区飯田橋4－4－8
東京中央ビル内　同成社
TEL　03-3239-1467　振替00140－0－20618

ISBN4-88621-242-5　C3321